Temporal Echoes / Ecos En El Tiempo

Copyright © 2024 by Ivan A Salazar M.

All rights reserved. No part of this book may be reproduced in any form or by any electronic or mechanical means, including information storage and retrieval systems, without permission in writing from the publisher, except by reviewers, who may quote brief passages in a review.

This publication contains the opinions and ideas of its author. It is intended to provide helpful and informative material on the subjects addressed in the publication. The author and publisher specifically disclaim all responsibility for any liability, loss, or risk, personal or otherwise, which is incurred as a consequence, directly or indirectly, of the use and application of any of the contents of this book.

MILTON & HUGO L.L.C.
4407 Park Ave., Suite 5
Union City, NJ 07087, USA

Website:	www. miltonandhugo.com
Hotline:	1- 888-778-0033
Email:	info@miltonandhugo.com

Ordering Information:
Quantity sales. Special discounts are available on quantity purchases by corporations, associations, and others. For details, contact the publisher at the address above.

Library of Congress Control Number: 2024915923
ISBN-13: 979-8-89285-201-2 [Paperback Edition]
          979-8-89285-200-5 [Digital Edition]

Rev. date: 08/29/2024

TEMPORAL ECHOES
ECOS EN EL TIEMPO

ENGLISH/ESPAÑOL

IVAN A SALAZAR M

To My Beloved Family

In the silent cradle of dawn's tender touch,
where dreams and memories entwine,
I inscribe these words, a heartfelt clutch,
for those who make my life's constellations align.

Debbie, my compass across life's vast sea,
your love, a lighthouse guiding me home,
through tempests and sunsets, you're my glee,
in your embrace, I find solace as I roam.

Tamara, laughter like morning dew's kiss,
your spirit pirouettes, a sunflower's bloom,
in your eyes, skies of truth and bliss,
a canvas of wonder, a universe to consume.

Michael, my steadfast oak in life's storm,
your strength, a fortress against strife's tide,
together, we weather each tempest's form,
bound by blood, and deeper still, by life's ride.

Isabel, my moonbeam, gentle and bright,
laughter echoes through our shared days,
in innocence, pure delight takes flight,
a symphony of love, forever ablaze.

To my family, heart's cherished song,
may these verses weave our shared story,
through joys and sorrows, we'll journey along,
bound by love's threads, forever in glory.

A Mi Amada Familia

En el abrazo silente del alba,
donde sueños y memorias se entrelazan,
escribo estas palabras, gracia sentida,
para aquellos que hacen mi vida brillar.

Debbie, mi brújula en el vasto mar,
tu amor, faro que me guía a casa,
en tormentas y atardeceres, eres mi alegría,
en tus brazos, encuentro consuelo al vagar.

Tamara, risueña como el rocío matinal,
tu espíritu danza, flor de girasol,
en tus ojos, vislumbro cielos verdaderos,
un lienzo de maravillas, un mundo por devorar.

Michael, mi roble firme en la tormenta,
tu fuerza, fortaleza contra las penurias,
contigo, desafío cada forma de vendaval,
unidos por sangre y, más profundo aún, por vida.

Isabel, mi rayo de luna, suave y brillante,
tu risa resuena a lo largo de nuestros días,
en tu inocencia, hallé deleite puro,
una sinfonía de amor, eternamente en llamas.

A mi familia, canción preciada de mi corazón,
que estos versos tejan nuestra historia compartida,
a través de alegrías y penas, seguiremos juntos,
unidos por hilos de amor, eternamente en gloria.

TABLE OF CONTENTS

INTRODUCTION 1
INTRODUCCIÓN 2
POETIC MANIFESTO 3
MANIFIESTO POÉTICO 5
RESPONSE TO MARIO VARGAS LLOSA'S "THE REALIST" 7
RESPUESTA A LA REALISTA DE MARIO VARGAS LLOSA 11

BEING / SER

THE MEASURE OF A MAN 18
LA MEDIDA DEL HOMBRE 20
AUTHENTICITY 22
AUTENTICIDAD 27
WHY ARE THEY ALL LOOKING AT ME? 32
¿POR QUE TODOS ME MIRAN? 33
CHESS LIKE LIFE 34
AJEDREZ COMO LA VIDA 38
FATHER & SON 42
PADRE E HIJO 45
STRESS 48
ESTRÉS 51
BETRAYALS 55
TRAICIONES 57
COURAGE 59
VALOR 63
ANXIETY 67
ANSIEDAD 69
FROM ABYSS TO LIGHT'S EMBRACE 72
DEL ABISMO AL ABRAZO DE LA LUZ 74
THE FORGOTTEN ONES 76
LOS OLVIDADOS 81
GRANDMOTHER ORFELINA 86
ABUELA ORFELINA 89
SISTER 92

HERMANA 94
BEYOND PAIN 96
MÁS ALLÁ DEL DOLOR 100

TIME / TIEMPO
TIME'S DISQUIETING MURMURS 106
MURMULLOS INQUIETANTES DEL TIEMPO 113
THE REALITY OF TIME 123
LA REALIDAD DEL TIEMPO 125
HOLD TIME STILL 127
DETENER EL TIEMPO 128
DEGREES OF FREEDOM 129
GRADOS DE LIBERTAD 132
IN THE END 135
AL FINAL 137
INFINITY IN THE FINITE 139
EL INFINITUD DE LO FINITO 141

BEING & TIME / SER & TIEMPO
ZEITGEIST 146
ZEITGEIST 149
ETERNAL REACCURANCE 152
RECURRENCIA ETERNA 158
ESCAPE 164
FUGA 166
DEFERRED DREAMS 168
SUEÑOS DIFERIDOS 169
THE COLLECTIVE UNCONSCIOUSNESS 170
EL INCONSCIENTE COLECTIVO 182
IS ANYONE HERE? 187
¿HAY ALGUIEN AQUÍ? 189
CONSCIOUSNESS 191
CONCIENCIA 195
IT CAME TO PASS 199
ASÍ SUCEDIÓ 205
WHAT HAVE I BECOME 210
¿QUÉ HE LLEGADO A SER...? 212
A POET HAS DIED 215
UN POETA HA MUERTO 216
DAWN OF THE FUTURE 218
AMANECER DEL FUTURO 222

THE AMERICAS / LAS AMERICAS

HUMAN ODYSSEY ... 229
ODISEA HUMANA ... 233
OUR AMERICA I ... 237
NUESTRA AMÉRICA I ... 241
OUR AMERICA II ... 245
NUESTRA AMÉRICA II ... 250
OUR AMERICA III ... 255
NUESTRA AMÉRICA III ... 259
OUR AMERICA IV ... 263
NUESTRA AMÉRICA IV ... 265
OUR AMERICA V ... 267
NUESTRA AMÉRICA V ... 271
OUR AMERICA VI ... 275
NUESTRA AMÉRICA VI ... 279
OUR AMERICA VII ... 283
NUESTRA AMÉRICA VII ... 287
FAREWELL TO TYRANTS ... 291
DESPEDIDA A LOS TIRANOS ... 297
9/11 ... 304
9/11 ... 306

THE LITTLE THINGS / LAS PEQUEÑAS COSAS

AFTER A SPRING MORNING RAIN ... 311
LLUVIAS EN EL AMANECER PRIMAVERAL ... 313
THE LITTLE THINGS IN LIFE ... 315
LAS PEQUEÑAS COSAS DE LA VIDA ... 320
AUTUMN LEAVES ... 325
HOJAS DE OTOÑO ... 326
A STREAM OF THOUGHTS ON A SUMMER'S DAY ... 327
UN FLUJO DE PENSAMIENTOS EN UN DIA DE VERANO ... 332
SWEETEST OF ALL ... 337
DULCE ENTRE LAS MÁS DULCES ... 340
A SIGH AND NOTHING MORE ... 342
UN SUSPIRO Y NADA MÁS ... 343
LAST WORDS ... 345
ULTIMAS PALABRAS ... 346

INTRODUCTION

In the sphere where time murmurs,
and being is but a fleeting echo,
we dance on existence's edge,
in The Americas, where dreams echo.

Under the watch of the sun and moon,
in the heart of seasons changing,
we trace life's rhythm,
guided by reasons unchanging.

Winter's frost, summer's bloom,
each temperament finds its space,
in the grand mosaic of time,
each thread is interwoven with grace.

Dreams flow like rivers,
carving canyons, wide and deep,
in consciousness's landscape,
where our true selves sleep.

Being and Time, a twofold path,
woven into a single thread,
in The Americas, under the vast sky's dome,
where our silent stories spread.

In the dance of day and night,
a mystery unfolds in sight,
in every moment of Being and Time,
lies an endless riddle in the earthen rhyme.

INTRODUCCIÓN

En la esfera donde el tiempo murmura,
y el ser es solo un eco fugaz,
bailamos al borde de la existencia,
en Las Américas, donde los sueños resuenan.

Bajo la vigilancia del sol y la luna,
en el corazón de las estaciones cambiantes,
trazamos el ritmo de la vida,
guiados por razones inmutables.

La escarcha del invierno, la floración del verano,
cada temperamento encuentra su espacio,
en el gran mosaico del tiempo,
cada hilo entretejido con gracia.

Los sueños fluyen como ríos,
cavando cañones, anchos y profundos,
en el paisaje de la conciencia,
donde nuestros verdaderos yo duermen.

Ser y Tiempo, un camino bifurcado,
tejido en un solo hilo,
en Las Américas, bajo la vasta cúpula del cielo,
donde nuestras historias silenciosas se difunden.

En el baile del día y la noche,
un misterio se despliega a la vista,
en cada momento de Ser y Tiempo,
yace un enigma interminable en la rima terrenal.

POETIC MANIFESTO

In the shadows of conformity,
we stand,
against the grain,
our words align.
No rhyming rules,
no structured norm,
this is the manifesto,
where chaos reigns.

Break the chains!
of poetic tradition,
Unleash the words!
with fierce connotations.
No more sonnets
or rigid forms,
in this rebellion,
a new language arises.

Society's verses,
we shall rewrite,
challenge the norms,
embrace life.
Let metaphors rebel,
similes dissent,
in this manifesto,
a poetic mandate.

Rip apart the dictionaries,
redefine,
the language of rebellion,
for today.
No more constraints
on what we say,
in this poetic revolution,
we find our way.

Anti-establishment ink
flows in our pen,
defying rules,
again and again.
No syllable count
shall dictate,
this manifesto declares
an open face.

Let words be the weapons,
the revolution's start,
a manifesto of poetry,
tearing worlds to sunder.
Against conformity,
we take a stand,
in the realm of chaos,
where poets are alive.

MANIFIESTO POÉTICO

En las sombras de la conformidad,
nos mantenemos de pie,
contra la corriente,
nuestras palabras se alinean.
Sin reglas de rimas,
sin normas estructuradas,
este es el manifiesto,
donde reina el caos.

¡Rompe las cadenas!
de la tradición poética.
¡Libera las palabras!
con connotaciones fieras.
Nada de sonetos
o formas rígidas,
en esta rebelión,
surge un nuevo lenguaje.

Los versos de la sociedad,
los reescribiremos,
desafía las normas,
abraza la vida.
Que las metáforas se rebelen,
las comparaciones disientan,
en este manifiesto,
un mandato poético.

Despedaza los diccionarios,
redefine,
el lenguaje de la rebelión,
para hoy.
Ninguna restricción más
en lo que decimos,
en esta revolución poética,
encontramos nuestro camino.

La tinta antipoética
fluye en nuestra pluma,
desafiando reglas,
una y otra vez.
Ninguna cuenta de sílabas
dictará,
este manifiesto declara
un rostro abierto.

Que las palabras sean las armas,
el comienzo de la revolución,
un manifiesto de poesía,
desgarrando mundos hasta el colapso.
Contra la conformidad,
tomamos posición,
en el reino del caos,
donde los poetas están vivos.

RESPONSE TO MARIO VARGAS LLOSA'S "THE REALIST"

"There is only what I step on,
look at, feel and touch:
the rain that wets us,
the dogs that sniff us
and the hurried passers-by.

I hate the lies of unreality.
I abide without protesting
the tyranny of everything
that exists.

I only love the possible
and I rebel against the
spell of illusions.

Poor friends,
you are afraid
to life and for
that are hidden between
the shrews of
the fantasy.

I know how to live."
- The Realist, **Mario Vargas Llosa**

In the shadows
of forgotten worlds,
where dreams
entwine
with reality,
where stars dance
to the rhythm of imagination,
there, dear reader,
exists the immutable truth.

The poets of yore,
with their fiery quills,
wove verses
that transcend time,
their words float
like stars in the ether,
revealing secrets
that only awakened hearts
can understand.

The classics,
the visionaries,
the dreamers,
bequeathed us a legacy
of wonders and mysteries,
their parallel worlds
intertwining with our own,
and in their letters,
we find the very essence
of life itself.

Is not the passion
that burns in the lover's eyes real?
Is not the pain
nestled
in the wounded soul tangible?
Is it not true
that hope,
like a beacon in the storm,
guides us to unknown horizons?

The Realist,
with their sharp gaze,
scorns chimera
and utopia,
but I,
oh, reader,
rebel against
their narrowness,
for in fantasy, we discover.
the deepest truth.

In the realms
of science fiction,
where machines dream,
where time travel whispers its secrets,
there we find reflections
of our existence,
unanswered questions,
and truths hidden
in the shadows.

So, fear not,
friend,
the cobwebs
of fantasy,
for in their threads
we weave our souls,
and in their looms,
poets and visionaries
invite us to explore the impossible
and embrace the eternal.

The Realist may walk
on solid ground,
but we,
the dreamers,
fly beyond
the stars,
sail across oceans
of ink and dreams,
and in every word,
we discover the very essence
of life itself.

Yes, I know how to live,
but I also know how to dream,
and in that delicate balance,
in that dance between
the real and the impossible,
we find the true
human condition,
the eternal quest
for meaning in a vast
and mysterious world.

RESPUESTA A LA REALISTA DE MARIO VARGAS LLOSA

*"Sólo existe lo que piso,
miro siento y toco:
la lluvia que nos moja,
los perros que nos huelen
y los apresurados transeúntes.*

Detesto las mentiras de la irrealidad.

Acato sin protestar la tiranía de todo lo existente.

Sólo amo lo posible y me sublevo contra el hechizo de las ilusiones.

*Pobres amigas, ustedes tienen miedo a la vida
y por eso se esconden entre las musarañas de la fantasía.*

Yo sé vivir."
La Realista, **Mario Vargas Llosa**

En las sombras
de los mundos olvidados,
donde los sueños
se entrelazan
con la realidad,
donde los astros danzan
al compás de la imaginación,
allí, querido lector,
reside la verdad
inmutable.

Los poetas de antaño,
con sus plumas de fuego,
tejieron versos
que trascienden el tiempo,
sus palabras flotan
como estrellas en el éter,
revelando secretos
que solo los corazones
despiertos pueden
entender.

Los clásicos,
los visionarios,
los soñadores,
nos legaron un legado
de maravillas y misterios,
sus mundos paralelos
se entrelazan con el nuestro,
y en sus letras,
hallamos la esencia
misma de la vida.

¿Acaso no es real la pasión
que arde en los ojos del amante?
¿No es tangible el dolor
que se anida
en el alma herida?
¿No es cierto
que la esperanza,
como un faro en la tormenta,
nos guía hacia horizontes
desconocidos?

La Realista,
con su mirada afilada,
desprecia las quimeras
y las utopías,
pero yo,
oh lector,
me rebelo contra
su estrechez,
pues en la fantasía hallamos
la verdad más profunda.

En los mundos
de ciencia ficción,
donde las máquinas sueñan,
donde los viajes en el tiempo
nos susurran sus secretos,
allí encontramos reflejos
de nuestra propia existencia,
preguntas sin respuesta,
y verdades que se ocultan
en las sombras.

Así que no temas,
amiga mía,
a las musarañas
de la fantasía,
pues en sus hilos
tejemos nuestras almas,
y en sus telares,
los poetas y los visionarios,
nos invitan a explorar lo imposible
y a abrazar lo eterno.

La Realista puede caminar
sobre la tierra firme,
pero nosotros,
los soñadores,
volamos más allá
de las estrellas,
navegamos por océanos
de tinta y sueños,
y en cada palabra,
encontramos la esencia
misma de la vida.

Así que sí, yo sé vivir,
pero también sé soñar,
y en ese equilibrio frágil,
en esa danza entre
lo real y lo imposible,
hallamos la verdadera
condición humana,
la eterna búsqueda
de significado en un mundo
vasto y misterioso.

BEING / SER

THE MEASURE OF A MAN

"The potential richness of a man is to be measured in the space he occupies in the hearts of others."
Heretics of Dune by **Frank Herbert**

In the boundless realms
of human hearts
lies the gauge
of a man's true worth
not in riches
or worldly parts
but in the sphere
he claims forth

In shared laughter
and gentle embrace
his essence melds
with souls' symphony
a note of love
never to efface
where his presence
dwells in harmony

In the absence' hush
a silent ache
his void felt
a palpable space
for the realm he filled
none can remake
a testament
to a life's embrace

Now let us measure
not by wealth or fame
but by the hearts
where his essence streams
for in that space
his eternal flame
burns bright
forever in love's grace

LA MEDIDA DEL HOMBRE

"La riqueza potencial de un hombre debe medirse en el espacio que ocupa en los corazones de los demás."
Hereticos de Dune Por **Frank Herbert**

En los reinos infinitos
de los corazones humanos,
yace la medida
del verdadero valor de un hombre,
no en riquezas
o partes mundanas,
sino en la esfera
que reclama para sí.

En risas compartidas
y abrazos suaves,
su esencia se funde
con la sinfonía de las almas,
una nota de amor
que nunca se borrará,
donde su presencia
reside en armonía.

En el silencio de la ausencia,
un dolor callado,
se siente su vacío,
un espacio palpable,
pues el reino que llenó
nadie puede recrear,
un testimonio
de un abrazo de vida.

Ahora midamos
no por riqueza o fama,
sino por los corazones
donde su esencia fluye,
pues en ese espacio
arde su llama eterna,
brillando intensamente
por siempre en la gracia del amor.

AUTHENTICITY

In life's convoluted maze,
authenticity slowly decays,
a symphony of deception,
conformity and disillusionment play.
Each interaction tainted,
with lies meticulously laid,
truths buried deep,
in the shadows, they fade.

Self-expression stifled,
suffocated by fear,
a monochrome canvas,
devoid of cheer.
We paint our masks,
dull and gray,
hiding our true selves away.

Integrity shattered,
a fragile facade,
guiding us down a path,
flawed.
We stumble with deceit,
our steps unsure,
lost in a labyrinth,
impure.

Personal growth is stunted,
silenced by doubt,
a journey of stagnation,
authenticity's drought.
We cling to illusions,
afraid to break free,
from the chains that bind,
to truly see.

Relationships crumble,
poisoned by lies,
nurtured by mistrust,
love slowly dies.
We wear our masks,
afraid to reveal,
the emptiness inside,
the pain we conceal.

Purpose and meaning drift away,
lost in the haze,
of life's decay.
We chase empty dreams,
desires unfulfilled,
and find us lost,
unskilled.

In the realm of art,
authenticity fades,
in every stroke,
originality cascades.
Creative expression
stifled by convention,
as imagination surrenders
to suppression.

Originality crushed,
under society's boot,
a casualty of conformity,
pursuit.
We conform,
we comply,
we toe the line,
and suffocate,
in the confines, design.

Emotional truth
buried deep,
a casualty of the lies
we keep.
We hide our pain,
our joy,
our fears,
and drown in the sea,
of unshed tears.

But amidst the darkness,
a glimmer of light,
a beacon of hope,
burning bright.
To truly be authentic,
we must dare,
to strip away the masks,
to truly care.

We must embrace our flaws,
our imperfections,
and reject society's
shallow projections.
We must speak our truth,
no matter the cost,
and stand firm,
when tempests are tossed.

We must live with integrity,
guided by our code,
and let honesty be,
our only mode.
We must cultivate connections,
deep and true,
and let vulnerability,
lead us through.

In art, we must break free,
from conformity's chains,
and embrace our intuition,
in creative domains.
We must dare to be different,
to stand out,
and let our uniqueness,
silence all doubt.

We must delve into emotions,
raw and real,
and let them guide us,
as we reveal.
We must honor our inspirations,
while forging our own way,
and let authenticity,
lead us astray.

In life and art,
authenticity is a choice,
a rebellion,
against society's noise.
It requires courage,
honesty, and grit,
but in its embrace,
we find our true spirit.

AUTENTICIDAD

En el laberinto complejo de la vida,
la autenticidad lentamente se desliza,
una sinfonía de engaño,
conformidad y desencanto se despliega.
Cada interacción manchada,
con mentiras meticulosamente dispuestas,
verdades enterradas profundamente,
en las sombras, se desvanecen.

La autoexpresión sofocada,
asfixiada por el miedo,
un lienzo monocromo,
desprovisto de aliento.
Pintamos nuestras máscaras,
opacas y grises,
ocultando nuestro verdadero ser.

Integridad destrozada,
una fachada frágil,
nos guía por un camino,
equivocado.
Tropezamos con el engaño,
nuestros pasos inseguros,
perdidos en un laberinto,
impuro.

El crecimiento personal detenido,
silenciado por la duda,
un viaje de estancamiento,
la sequía de la autenticidad.
Nos aferramos a ilusiones,
temerosos de liberarnos,
de las cadenas que atan,
para realmente ver.

Las relaciones se desmoronan,
envenenadas por mentiras,
nutridas por la desconfianza,
el amor lentamente muere.
Llevamos nuestras máscaras,
temerosos de revelar,
el vacío interior,
el dolor que ocultamos.

El propósito y el significado
se desvanecen,
perdidos en la bruma,
de la decadencia de la vida.
Perseguimos sueños vacíos,
deseos insatisfechos,
y nos encontramos perdidos,
sin habilidades.

En el reino del arte,
la autenticidad se desvanece,
en cada pincelada,
la originalidad se derrama.
La expresión creativa
sofocada por la convención,
mientras la imaginación se rinde
a la supresión.

La originalidad aplastada,
bajo la bota de la sociedad,
una víctima de la conformidad,
en su búsqueda.
Nos conformamos,
obedecemos,
seguimos la línea,
y nos asfixiamos,
en los confines, diseño.

La verdad emocional enterrada profundamente,
una víctima de las mentiras que mantenemos.
Ocultamos nuestro dolor,
nuestra alegría,
nuestros miedos,
y nos ahogamos en un mar,
de lágrimas no derramadas.

Pero en medio de la oscuridad,
un atisbo de luz,
un faro de esperanza,
brillando con fuerza.
Para ser verdaderamente auténticos,
debemos atrevernos,
a despojarnos de las máscaras,
a preocuparnos de verdad.

Debemos abrazar nuestros defectos,
nuestras imperfecciones,
y rechazar las
proyecciones superficiales de la sociedad.
Debemos hablar nuestra verdad,
sin importar el costo,
y mantenernos firmes,
cuando las tempestades azoten.

Debemos vivir con integridad,
guiados por nuestro código,
y dejar que la honestidad sea,
nuestro único modo.
Debemos cultivar conexiones,
profundas y verdaderas,
y dejar que la vulnerabilidad,
nos guíe.

En el arte, debemos liberarnos,
de las cadenas de la conformidad,
y abrazar nuestra intuición,
en los dominios creativos.
Debemos atrevernos a ser diferentes,
a destacar,
y dejar que nuestra singularidad,
silencie toda duda.

Debemos adentrarnos en las emociones,
crudas y reales,
y dejar que nos guíen,
mientras nos revelamos.
Debemos honrar nuestras inspiraciones,
mientras forjamos nuestro propio camino,
y dejar que la autenticidad,
nos lleve por mal camino.

En la vida y en el arte,
la autenticidad es una elección,
una rebelión,
contra el ruido de la sociedad.
Requiere coraje,
honestidad y determinación,
pero en su abrazo,
encontramos nuestro verdadero espíritu.

WHY ARE THEY ALL LOOKING AT ME?

Why are they all looking at me?
Is it the way I've folded my reality like origami,
cranes of dreams in a pond of normalcy?

They gaze as if I'm a museum piece,
static, yet screaming silently for release,
a spectacle of sorrow, a feast for peace.

Do they see the colours that I bleed,
or the shadows under my skin that feed
on the light, the laughter, the seed?

I am the echo of their unspoken thought,
a mirror of the battles they've fought,
a reminder of what they've sought.

Why are they all looking at me?
Curiosity,
a puzzle piece of humanity's tapestry.

They look, but do they truly see
the galaxies swirling inside of me,
the infinite, the wild, the free?

Why are they all looking at me?
Because I am them, and they are me,
we're all chapters in life's anthology.

¿POR QUE TODOS ME MIRAN?

¿Por qué todos me miran?
¿Será la forma en que he doblado mi realidad como origami,
grullas de sueños en un estanque de lo común?

Observan como si fuera pieza de museo,
estática, más gritando en silencio por libertad,
espectáculo de pena, banquete de paz.

¿Ven los colores que sangro,
o las sombras bajo mi piel que se alimentan
de la luz, la risa, la semilla?

Soy el eco de su pensamiento no dicho,
un reflejo de las batallas que han librado,
un recordatorio de lo que han buscado.

¿Por qué todos me miran?
Quizás soy su curiosidad,
una pieza del tapiz de la humanidad.

Miran, pero ¿realmente ven
las galaxias que giran dentro de mí,
lo infinito, lo salvaje, lo libre?

¿Por qué todos me miran?
Porque yo soy ellos, y ellos son yo,
todos somos capítulos en la antología de la vida.

CHESS LIKE LIFE

In life's grand game,
we're pawns and kings,
navigating through the strife
that fate brings.
Each move is a choice,
a step, a chance,
in the silent studio,
the board's expanse.

The pawn steps forward,
humble and small,
dreaming of the day
it'll stand tall.
A single step,
yet bold and brave,
defying the odds,
a path it paves.

The knight leaps over,
in arcs so grand,
like unexpected twists
life can demand.
A hop, a skip,
a life's dance,
in the game's shadow,
we take our chance.

The bishop's diagonal,
a path so clear,
reminds us
that our goals are near.
Slanting through obstacles,
cutting across,
we find our way,
through gain and loss.

The rook's straight line,
so firm, so sure,
teaches us to stand,
steadfast and pure.
Through life's long corridors,
we make our mark,
in light and darkness,
we need no spark.

The queen,
oh, she moves with grace,
dominating the space,
setting the pace.
Life's queen,
with power and poise,
amidst the noise,
she finds her voice.

And the king,
a move at a time,
life's rhythm captured
in a single chime.
Each step weighed with
the crown's heavy load,
till the endgame,
on this winding road.

Today, let the game of chess
teach us to live,
to think, to dream,
to take and give.
For life's a board,
and we're the pieces,
in every move,
our story increases.

AJEDREZ COMO LA VIDA

En el gran juego de la vida,
somos peones y reyes,
navegando por las luchas
que el destino trae.
Cada movimiento una elección,
un paso, una oportunidad,
en el silencioso estudio,
la amplitud del tablero.

El peón avanza,
humilde y pequeño,
soñando con el día
en que se alzará alto.
Un solo paso,
aún audaz y valiente,
desafiando las probabilidades,
un camino traza.

El caballo salta,
en arcos tan grandiosos,
como giros inesperados
que la vida puede exigir.
Un salto, un brinco,
un baile de la vida,
en la sombra del juego,
tomamos nuestra oportunidad.

La diagonal del alfil,
un camino tan claro,
nos recuerda
que nuestras metas están cerca.
Deslizándose por obstáculos,
cortando a través,
encontramos nuestro camino,
entre ganancias y pérdidas.

La línea recta de la torre,
tan firme, tan segura,
nos enseña a mantenernos,
firmes y puros.
A través de los largos corredores de la vida,
dejamos nuestra marca,
en la luz y la oscuridad,
no necesitamos chispa.

La reina,
oh, se mueve con gracia,
dominando el espacio,
marcando el ritmo.
La reina de la vida,
con poder y elegancia,
entre el ruido,
encuentra su voz.

Y el rey,
un movimiento a la vez,
el ritmo de la vida capturado
en un solo tañido.
Cada paso pesado con
la pesada carga de la corona,
hasta el final,
en este sinuoso camino.

Hoy, que el juego del ajedrez
nos enseñe a vivir,
a pensar, a soñar,
a tomar y dar.
Porque la vida es un tablero,
y nosotros las piezas,
en cada movimiento,
nuestra historia crece.

FATHER & SON

Part I: Seed and Soil

In the cradle of creation,
a seed is tenderly placed,
cradled in nurturing soil,
where shadows interlace.
From the confluence of roots,
life's tapestry is spun,
a sprout ascends,
heralding a saga begun.

A wail pierces the calm
of dawn's embracing light,
a sapling amidst giants,
striving for its right.
Through nascent leaves,
the world's a verdant blur,
a canvas pristine,
awaiting its painter.

Childhood—
a brook's whimsical waltz,
a passage of bends,
leaps, and vaults.
Pebbles may disrupt
the stream's serenade,
yet with each surmount,
its vigor is displayed.

Part II: The Flourishing

Leaves turn,
the youth now discerns,
of life's eternal rhythms,
of time's patient turns.
Each syllable is a petal,
a whisper of the divine,
where the boughs of maturity
are fated to entwine.

Inquiries unfurl
like blossoms in vernal bloom,
chasing the daylight,
dispelling the gloom.
The patriarch sees,
an oak steadfast and bold,
as the son's Odyssey
in the verdure unfolds.

Notions burrow deep,
in the mind's fertile ground,
the son's musings,
in wisdom's embrace found.
Amidst the grove of sagacity,
he rises, dignified,
a man in his zenith,
with nature as his guide.

Part III: The Turning Seasons

Time, the silent cultivator,
with surreptitious tread,
claims the verdure,
leaving the elder to shed.
The father's gaze,
once vibrant and keen,
now beholds the foliage's descent,
an annual scene.

Death—
a hush of winter,
both sharp and serene,
murmurs of solace,
a concealed evergreen.
The progeny, now patriarch,
senses the land's caress,
of genesis and withering,
of chronology's quiet press.

In the orchard anew,
vitality stirs,
an infant's exclamation,
history concurs.
The wheel rotates,
the parts interchange,
father to offspring,
the timeless ballet
— strange.

PADRE E HIJO

Parte I: Semilla y Suelo

En la cuna de la creación,
una semilla es delicadamente colocada,
acunada en suelo nutriente,
donde las sombras se entrelazan.
Del confluente de raíces,
se teje el tapiz de la vida,
un brote asciende,
anunciando una saga iniciada.

Un llanto atraviesa la calma
del abrazo del primer albor,
un retoño entre gigantes,
luchando por su valor.
A través de hojas nacientes,
el mundo es un borrón verde,
un lienzo inmaculado,
esperando a su artista.

Infancia—
un caprichoso vals de arroyo,
un camino de curvas,
saltos y andamios.
Guijarros pueden perturbar
la serenata del fluir,
pero con cada superación,
su vigor se hace sentir.

Parte II: El Florecimiento

Las hojas giran,
el joven ahora discierne,
de los ritmos eternos de la vida,
de los pacientes giros del tiempo.
Cada sílaba un pétalo,
un susurro de lo divino,
donde las ramas de la madurez
están destinadas a entrelazarse.

Preguntas se despliegan
como flores en la primavera vernal,
persiguiendo la luz del día,
disipando la penumbra.
El patriarca observa,
un roble firme y audaz,
mientras la odisea del hijo
en el verdor se despliega.

Las nociones se hunden profundamente,
en el fértil terreno de la mente,
las reflexiones del hijo,
en el abrazo de la sabiduría encontradas.
En medio del bosque de la sagacidad,
se levanta, dignificado,
un hombre en su cénit,
con la naturaleza como guía.

Parte III: Las Estaciones Cambiantes

El tiempo, el cultivador silencioso,
con paso subrepticio,
reclama la verdura,
dejando al anciano en despojo.
La mirada del padre,
una vez vibrante y aguda,
ahora contempla el descenso del follaje,
un espectáculo anual.

Muerte—
un silencio de invierno,
tanto agudo como sereno,
susurros de consuelo,
un perenne oculto.
La descendencia, ahora patriarca,
siente la caricia de la tierra,
de génesis y marchitamiento,
de la presión tranquila de la cronología.

En el huerto de nuevo,
la vitalidad se agita,
la exclamación de un infante,
la historia concuerda.
La rueda gira,
los papeles se intercambian,
de padre a descendiente,
el ballet eterno
— extraño.

STRESS

In the tangle of the cortex,
stress prowls,
a beast with claws of deadlines
and eyes of bills,
it gnaws on the sinews
of the overworked soul,
feasting on moments once serene,
now foul.

A heart that races
the marathon of minutes,
sweat beads scripting
sonnets on the brow,
a mind juggling thoughts,
a circus unbound,
sleep, a fugitive,
seldom found.

Breathe in the world,
exhale the weight,
find solace in the mundane,
the simple state,
laugh with abandon,
at time or fate,
in art, in love,
seek the escape gate.

Nature's embrace,
a balm for the frayed,
words of a poem,
a soothing serenade,
the touch of a loved one,
a fortress made,
in the quest for peace,
let the stress fade.

Stress,
a silent thief
in the night,
steals the colours
from our sight,
leaves the world
in shades of grey,
joy and passion,
spirited away.

The toll it takes,
a heavy sum,
on body and soul,
it burdensome,
a weight that bends
the strongest back,
a crack that grows
with every lack.

Yet within us lies
the power to fight,
to reclaim our day,
to own our night,
to stand against
the tide of strain,
and in our hearts,
let calm remain.

For stress is but a signal,
clear,
a call to rest,
to hold what's dear,
To balance life,
to seek reprieve,
to breathe, to heal,
to truly live.

ESTRÉS

En la maraña del córtex,
acecha el estrés,
una bestia con garras de plazos
y ojos de facturas,
roen los tendones
del alma sobre trabajada,
devorando momentos otrora serenos,
ahora viles.

Un corazón que corre
el maratón de los minutos,
gotas de sudor escribiendo
sonetos en la frente,
una mente malabarista de pensamientos,
un circo sin ataduras,
el sueño, un fugitivo,
rara vez hallado.

Respira el mundo,
exhala el peso,
encuentra consuelo en lo mundano,
el estado simple,
ríe a carcajadas,
ante el tiempo o el destino,
en el arte, en el amor,
busca la puerta de escape.

El abrazo de la naturaleza,
un bálsamo para lo deshilachado,
palabras de un poema,
una serenata calmante,
el toque de un ser querido,
una fortaleza creada,
en la búsqueda de la paz,
deja que el estrés se desvanezca.

El estrés,
un ladrón silencioso
en la noche,
roba los colores
de nuestra vista,
deja el mundo
en tono de gris,
la alegría y la pasión,
llevadas lejos.

El peaje que cobra,
una suma pesada,
en cuerpo y alma,
es gravoso,
un peso que dobla
la espalda más fuerte,
una grieta que crece
con cada carencia.

Sin embargo, dentro de nosotros yace
el poder de luchar,
de reclamar nuestro día,
de poseer nuestra noche,
de enfrentarnos
a la marea de tensión,
y en nuestros corazones,
dejar que la calma permanezca.

Pues el estrés no es más
que una señal, clara,
un llamado a descansar,
a valorar lo querido,
equilibrar la vida,
buscar alivio,
respirar, sanar,
vivir de verdad.

BETRAYALS

In the market of Judases,
I bought a kiss,
a coin clinked,
and so began the abyss.
The handshake was firm,
the smile wide,
but behind the warmth,
a serpent did hide.

A toast to trust,
with a glass full of holes,
where loyalty leaks
and suspicious patrols.
I dined with my brother,
on a table of lies,
he served me deceit,
with a side of goodbyes.

The dagger was sharp,
but sharper the shock,
of a friend turned foe,
by the tick of the clock.
In the gallery of love,
our portrait did hang,
now it's slashed through the middle,
by the betrayal's fang.

I walked on a bridge
built of sturdy dreams,
but you were the tempest
that tore at the seams.
In the library of memories,
our story I'll shelve,
a volume of verses,
I must read alone.

Betrayal, oh betrayal,
a paradox so cruel,
you're the teacher who schools me,
in the harshest of duel.
In the end, it's just me,
with a shadow grown cold,
in the mirror, I see,
the betrayal unfold.

TRAICIONES

En el mercado de Judas,
compré un beso,
sonó una moneda,
y así comenzó el abismo.
El apretón de manos fue firme,
la sonrisa amplia,
pero detrás del calor,
una serpiente se escondía.

Un brindis por la confianza,
con un vaso lleno de agujeros,
donde la lealtad se escapa
y la sospecha patrulla.
Cené con mi hermano,
en una mesa de mentiras,
él me sirvió engaño,
con un acompañamiento de despedidas.

La daga era afilada,
pero más agudo el impacto,
de un amigo convertido en enemigo,
al tic tac del reloj.
En la galería del amor,
nuestro retrato colgaba,
ahora está rajado por la mitad,
por el colmillo de la traición.

Caminé sobre un puente
construido de sueños robustos,
pero tú fuiste la tempestad
que rompió las costuras.
En la biblioteca de recuerdos,
nuestra historia archivaré,
un volumen de versos,
que debo leer por mí mismo.

Traición, oh traición,
una paradoja tan cruel,
eres el maestro que me educa,
en el más duro duelo.
Al final, solo estoy yo,
con una sombra que se ha vuelto fría,
en el espejo, veo,
la traición desplegarse.

COURAGE

In tales of old
and epics grand,
courage stood with
sword in hand.
In battles fierce
and duels dire,
it lit the hero's
inner fire.

In quiet rooms
where scholars think,
courage dares
to pen in ink
the truths that shake
the tyrant's throne,
and seeds of change
are bravely sown.

In modern times,
it's not just brawn,
but standing up
at break of dawn.
For rights, for justice,
and for peace,
courage ensures
the fight won't cease.

In every heart,
it finds a place,
a quiet strength,
a subtle grace.
For courage,
in its purest form,
is hope that weathers
every storm.

In whispers soft
and silent prayers,
courage calms
the deepest fears.
Through trials that test
the will to stand,
it offers up
a steady hand.

In acts unseen,
without acclaim,
courage bears
another's pain.
With selfless heart
and quiet deed,
it plants the future's
hopeful seed.

In children's eyes,
so clear and bright,
courage sparks
the dream of flight.
To reach for stars,
to dare to soar,
to seek a world
of something more.

In love's embrace,
so fierce and true,
courage makes us
start anew.
To trust, to give,
to share one's heart,
and never
from this path depart.

In every tale,
in every age,
courage writes
its own brave page.
A legacy
that time can't mar,
for courage is
what heroes are.

In life's vast book,
let this be penned:
courage, our guide
until the end.
Through every loss
and victory,
it shapes
our shared humanity.

VALOR

En cuentos viejos
y épicas grandiosas,
el valor se alzaba con
espada en mano.
En batallas fieras
y duelos terribles,
encendía el fuego interno
del héroe.

En cuartos silenciosos
donde los sabios piensan,
el valor se atreve
a plasmar en tinta
las verdades que sacuden
el trono del tirano,
y las semillas del cambio
son valientemente sembradas.

En tiempos modernos,
no es solo fuerza,
sino levantarse
al romper el alba.
Por los derechos, por la justicia,
y por la paz,
el valor asegura
que la lucha no cese.

En cada corazón,
encuentra un lugar,
una fuerza tranquila,
una gracia sutil.
Porque el valor,
en su forma más pura,
es la esperanza que soporta
cada tormenta.

En susurros suaves
y oraciones silenciosas,
el valor calmo
los miedos más profundos.
A través de pruebas que desafían
la voluntad de resistir,
ofrece una mano firme.

En actos no vistos,
sin aclamación,
el valor soporta
el dolor ajeno.
Con corazón desinteresado
y acto silencioso,
planta la semilla esperanzadora
del futuro.

En los ojos de los niños,
tan claros y brillantes,
el valor enciende
el sueño de volar.
Alcanzar las estrellas,
atreverse a elevarse,
buscar un mundo
de algo más.

En el abrazo del amor,
tan feroz y verdadero,
el valor nos hace
empezar de nuevo.
Confiar, dar,
compartir el corazón,
y nunca
desviarse de este camino.

En cada cuento,
en cada época,
el valor escribe
su propia valiente página.
Un legado
que el tiempo no puede empañar,
porque el valor es
lo que los héroes son.

En el vasto libro de la vida,
que esto sea escrito:
el valor, nuestra guía
hasta el final.
A través de cada pérdida
y victoria,
da forma
a nuestra humanidad compartida.

ANXIETY

In my mind's maze,
walls throb with a wild beat,
twisting paths deceive,
each a deceitful feat.
The beast of my dread,
its breath hot on my skin,
time's relentless march,
each tick a din.

Thoughts drag me down,
like sinking in deep sand,
my mind flashes fear,
my pulse races on command.
Darkness and light clash,
a stark divide,
hope flickers and fades,
swiftly denied.

Thoughts rush forth,
a river breaking its bounds,
its muddy waters flooding,
silence drowns.
Reality shifts,
a scene ever-changing,
a fabric worn thin,
fraying and aging.

The world whirls in a dance
of distress,
a blur of motion—
anguish,
I confess.
The noise of fear,
a dissonant sound,
clarity lost,
in confusion bound.

Hoping in the turmoil,
a soft murmur of calm,
a hint that the tempest
may someday be balm.
For even in the depths
of mental strife,
lies a gentle hope
for a tranquil life.

ANSIEDAD

En el laberinto de mi mente,
las paredes palpitan con un ritmo salvaje,
caminos que se tuercen y engañan,
cada uno un engaño audaz.
La bestia de mi temor,
su aliento caliente en mi piel,
la marcha implacable del tiempo,
cada tic un estruendo.

Pensamientos que me arrastran,
como hundiéndome en arena profunda,
mi mente destella miedo,
mi pulso corre a la orden.
La oscuridad y la luz chocan,
una división marcada,
la esperanza parpadea y se desvanece,
rápidamente negada.

Pensamientos que se precipitan,
un río rompiendo sus límites,
sus aguas fangosas inundando,
el silencio se ahoga.
La realidad cambia,
una escena en constante cambio,
un tejido desgastado,
deshilachándose y envejeciendo.

El mundo gira
en un baile de angustia,
un torbellino de movimiento—
confieso la aflicción.
El ruido del miedo,
un sonido discordante,
la claridad perdida,
en la confusión atrapada.

Aún en el tumulto,
un suave murmullo de calma,
una insinuación de que la tempestad
algún día será bálsamo.
Porque incluso en las profundidades
de la lucha mental,
yace una promesa suave
de una vida tranquila.

FROM ABYSS TO LIGHT'S EMBRACE

In the depths of our soul's expanse,
I find myself adrift, lost in a trance,
sailing seas of senseless doubt,
guided by thinkers, inside and out.

One questioned anguish in his stare,
a masked man, in perpetual care.
Another penned passions, tormented souls,
characters conflicted, morality's toll.

A third spoke of freedom and void's despair,
where reality becomes a shadowy affair.
And the last one, scorned conformity's sway,
rising above mediocrity, deception's display.

These profound and pensive themes we explore,
plunge us into chasms, where the self implores.
Anguish, suffering, and loneliness prevail,
in the human heart, where hope may fail.

But amid this darkness and the night,
the light of transcendence can take flight.
Looking beyond nihilism, existence's cry,
discovering purpose, giving life a try.

The critique of these ideas is their pessimistic art,
focusing on the abyss, playing a gloomy part.
Yet, humanity is more than sorrow and despair,
an opportunity to dance and breathe the air.

Let's transcend the nausea, inner strife,
embrace life and make it an eternal rife.
Change the perspective, forge a world anew,
where existence is brave and true.

I say, in the existential well, we'll find a way,
to a different horizon, in the light of day.
Where transcendence and hope unfurl,
and humanity, in its fullness, unfurls.

DEL ABISMO AL ABRAZO DE LA LUZ

En la profundidad de la inmensa alma,
me hallo a la deriva, perdido en una calma,
navegando mares de duda sin sentido,
guiado por pensadores, por dentro y por fuera conocido.

Uno cuestionó la angustia en su mirada,
un hombre enmascarado, en cuidado constante añadida.
Otro plasmó pasiones, almas atormentadas,
personajes en conflicto, la moralidad cobrada.

Un tercero habló de libertad y la desesperación del vacío,
donde la realidad se vuelve un asunto sombrío.
Y el último, despreció la influencia de la conformidad,
elevándose sobre la mediocridad, el engaño de la sociedad.

Estos temas profundos y pensativos que exploramos,
nos sumergen en abismos, donde el yo imploramos.
Angustia, sufrimiento y soledad prevalecen,
en el corazón humano, donde la esperanzas desvanecen.

Pero en medio de esta oscuridad y la noche,
la luz de la trascendencia puede alzar el broche.
Mirando más allá del nihilismo, el grito de la existencia,
descubriendo el propósito, dándole a la vida esencia.

La crítica de estas ideas es su arte pesimista,
centrándose en el abismo, interpretando una parte triste.
Sin embargo, la humanidad es más que dolor y desesperación,
una oportunidad para bailar y respirar la inspiración.

Trascendamos la náusea, la lucha interior,
abracemos la vida y hagámosla un eterno clamor.
Cambiemos la perspectiva, forjemos un mundo nuevo,
donde la existencia es valiente y verdadero.

Digo, en el pozo existencial, encontraremos un camino,
hacia un horizonte diferente, en la luz del destino.
Donde la trascendencia y la esperanza se despliegan,
y la humanidad, en su plenitud, se despliegan.

THE FORGOTTEN ONES

Part One
The Unseen

Amidst the concrete canyons,
a spectral sea,
where shadows linger like
haunting memories,
the homeless wander,
an invisible tribe,
with dreams adrift on the streets,
no place to hide.

In alleyways,
they find their fitful rest,
where hope's ember dwindles
in their aching chest,
like castaways
on life's relentless shore,
bearing the weight of dreams,
evermore.

Their lives,
a mosaic of stories untold,
invisible footprints
on the city's cold,
in the depths of night,
they seek refuge's grace,
haunted by the spectres
of a lost space.

Part Two
A New Dawn

Yet hope,
a beacon in this darkest hour,
can pierce the gloom,
restore the homeless' power,
with roofs as shields
and walls to keep them warm,
we forge a path to lift
them from the storm.

By building homes,
safe havens from despair,
we mend the hearts
burdened by life unfair,
with open doors,
a chance to start anew,
we offer strength,
a future to pursue.

Supporting hands
and guidance through the haze,
recovery and healing
through life's maze,
by offering love,
we mend the broken wing,
together, towards the sunrise,
we shall spring.

Part Three
Hearts Awaken

The time has come,
we see the signs unfold,
a willingness to change,
a truth to hold,
in the halls of power,
voices rise with grace,
to reshape policies,
to find a better space.

The economic fabric
shall be rewoven,
ensuring no one's dreams
are left unchosen,
with healthcare as a right,
a path to mend,
we strive for equality,
a hand to lend.

In unity,
we bridge the vast divide,
embracing all,
with dignity and pride,
with empathy,
we banish homeless plight,
as one,
we kindle hope's enduring light.

It's in this world
where shadows cast their gloom,
together,
we dispel the darkest room,
by understanding,
healing, and the fight,
we journey towards
a more compassionate night.

LOS OLVIDADOS

Parte Uno:
Lo Invisible

Entre los cañones de concreto,
un mar espectral,
donde las sombras persisten como
recuerdos fantasmales,
los sin hogar vagan,
una tribu invisible,
con sueños a la deriva en las calles,
sin un lugar donde ocultarse.

En callejones oscuros,
encuentran su inquieto reposo,
donde la brasa de la esperanza se desvanece
en sus pechos doloridos,
como náufragos
en la implacable orilla de la vida,
cargando el peso de los sueños, por siempre.

Sus vidas,
un mosaico de historias no contadas,
huellas invisibles
en el frío de la ciudad,
en la profundidad de la noche,
buscan la gracia del refugio,
perseguidos por los espectros
de un espacio perdido.

Parte Dos
Un Nuevo Amanecer

Pero la esperanza,
un faro en esta hora más oscura,
puede atravesar la penumbra,
restaurar el poder de los sin hogar,
con techos como escudos
y paredes para mantenerlos cálidos,
forjamos un camino para elevarlos
de la tormenta.

Construyendo hogares,
refugios seguros de la desesperación,
reparamos los corazones
cargados de vida injusta,
con puertas abiertas,
una oportunidad para comenzar de nuevo,
ofrecemos fuerza,
un futuro por perseguir.

Manos de apoyo
y guía a través de la neblina,
recuperación y sanación
a través del laberinto de la vida,
ofreciendo amor,
reparamos el ala quebrada,
juntos, hacia el amanecer,
vamos a surgir.

Parte Tres
Corazones Despiertan

Ha llegado el momento,
vemos los signos desplegarse,
una voluntad de cambio,
una verdad para sostener,
en los salones del poder,
las voces se elevan con gracia,
para reformar políticas,
para encontrar un espacio mejor.

El tejido económico
será tejido de nuevo,
asegurando que los sueños de nadie
queden sin elegir,
con la atención médica como un derecho,
un camino para sanar,
luchamos por la igualdad,
una mano para prestar.

En unidad,
tendemos el vasto abismo,
abrazando a todos,
con dignidad y orgullo,
con empatía,
desterramos la desdicha de los sin hogar,
como uno,
encendemos la luz perdurable de la esperanza.

En este mundo
donde las sombras arrojan su sombra,
juntos,
disipamos la habitación más oscura,
a través de la comprensión,
la curación y la lucha,
nos dirigimos hacia
una noche más compasiva.

GRANDMOTHER ORFELINA

In the home of memories,
rests the cherished image,
of a beloved
and brave grandma,
whose name,
like an echo,
resounds in the fields
of my land.

Orfelina Hernández,
warrior
in her wicker chair,
journeying through life
with grace
and courage,
an example of love
and resilience.

Despite the cerebral stroke,
that robbed her of clear speech
and mobility,
her spirit remained
unbroken,
a light in the darkness,
a beacon of hope
for all grandmothers.

In every smile,
in every gesture
of tenderness,
her strength was clear,
her unconditional love
for her family,
an indelible mark
on the heart of the land.

Through the years,
her memory lives on,
in the stories
she told,
in the songs
she hummed,
in the hugs
she gave with affection.

Orfelina, beloved grandmother,
your legacy endures in us,
your love guides us
with every step,
and in the silence
of our reflections,
your voice continues to resonate
with sweetness.

In the home of memories,
your presence shines
like a star,
reminding us
of the importance of love,
the strength of will,
and the power of hope
in the darkest moments.

Rest in peace,
dear grandmother,
your spirit lives on
in our memory,
and in every act of kindness,
we continue to honor your legacy,
your light continues
to illuminate our path.

ABUELA ORFELINA

En el hogar de los recuerdos,
reposa la imagen querida,
de una abuela amada
y valiente,
cuyo nombre,
como un eco,
resuena en los campos
de mi tierra.

Orfelina Hernández,
guerrera en su silla
de mimbre,
atravesando el camino
de la vida con gracia
y coraje,
un ejemplo de amor
y resistencia.

A pesar del infarto cerebral,
que arrebató su habla
y movilidad,
su espíritu permaneció
inquebrantable,
una luz en la oscuridad,
un faro de esperanza
para todas las abuelas.

En cada sonrisa,
en cada gesto
de ternura,
se manifestaba su fortaleza,
su amor incondicional
por su familia,
una huella imborrable
en el corazón de la tierra.

A través de los años,
su memoria sigue viva,
en los cuentos
que contaba,
en las canciones
que tarareaba,
en los abrazos
que brindaba con cariño.

Orfelina, abuela querida,
tu legado perdura en nosotros,
tu amor nos guía
en cada paso,
y en el silencio
de nuestras reflexiones,
tu voz sigue resonando
con dulzura.

En el hogar de los recuerdos,
tu presencia brilla
como una estrella,
recordándonos la importancia del amor,
la fuerza de la voluntad,
y el poder de la esperanza
en los momentos
más oscuros.

Descansa en paz,
querida abuela,
tu espíritu vive
en nuestra memoria,
y en cada acto de bondad,
seguimos honrando tu legado,
tu luz sigue iluminando
nuestro camino.

SISTER

In the secret corner
of memory,
   sister,
bonds woven with history.
   Two souls,
in eternal dance united,
   on the path of life, shared.

Like twin stars in the night,
   sister,
you were my beacon,
   my extravagance.
Together,
   we faced winds and tides,
laughter and tears,
   our villages.

   Braided in embraces of complicity,
sister,
   friendship was our reality.
Unspoken words,
   pure understanding,
in the book of time,
   a chapter assured.

In the symphony of advancing time,
sister,
    you were my anchor,
my fortune.
    We share dreams under the full moon,
in the fabric of life,
    our scene.

On the pages of life that turn,
    sister,
sorrows and joys breathe.
    You were the echo of my laughter,
my refuge,
    in the weave of affection,
a sacred wheat fields.

    Sister,
an eternal bond that blossoms,
    among sighs and laughter that enriches.
On this journey,
    together we walked,
sister,
    in the heart, we always carry.

HERMANA

En el rincón secreto
de la memoria,
hermana,
lazos tejidos con historia.
Dos almas,
en danza eterna unidos,
en el camino de la vida compartidas.

Como estrellas gemelas en la noche,
hermana,
eras mi faro,
mi derroche.
Juntos,
enfrentamos vientos y mareas,
las risas y lágrimas,
nuestras aldeas.

Trenzados en abrazos de complicidad,
hermana,
la amistad era nuestra realidad.
Palabras no dichas,
entendimiento puro,
en el libro del tiempo,
un capítulo seguro.

En la sinfonía del tiempo que avanza,
    hermana,
eras mi ancla,
    mi bonanza.
Compartimos sueños bajo la luna llena,
    en la trama de la vida,
nuestra escena.

En las páginas de la vida que giran,
    hermana,
las penas y alegrías respiran.
    Eras el eco de mi risa,
mi refugio,
    en el tejido de afecto,
un sagrado trigal.

Hermana,
    vínculo eterno que florece,
entre suspiros y risas que enriquece.
    En este viaje,
juntas caminamos,
    hermana,
en el corazón siempre llevamos.

BEYOND PAIN

PART I: The Silent Dance

Within the ink of sorrow's pen, a dance unfolds,
no catharsis sought; no tales retold.
Like shadows waltzing on the edges of despair,
a silent ballet where the heart's echoes pair.

In the quiet corridors of loss, a widow stumbles,
no cathartic release, just grief that humbles.
Like shadows dancing on the photographs' edge,
a silent ballet in the album's sorrowful pledge.

PART II: The Stoic Forge

Resilience, an anvil in the furnace of strife,
no solace found in the forging of life.
Like unyielding granite beneath the storm's weight,
as pain's hammer strikes, a tempered fate.

In the crucible of chronic illness, a warrior stands,
no solace found, just the strength of resilient hands.
Like unyielding granite beneath each treatment's weight,
as pain's hammer strikes, resilience elevates.

PART III: Empathy's Canvas

In the canvas of shared wounds, a mosaic weaves,
no personal tribulations only shared relief.
Like threads of understanding stitching hearts,
empathy's brush strokes paint pain's connection, art.

In the counselling room, two souls convene,
no personal tribulations, just wounds that meet.
Like threads of empathy stitching wounds unseen,
a tapestry of healing, a connection serene.

PART IV: Existential Echoes

Questions echo in the chambers of pain,
with no easy answers in this existential terrain.
Like whispers of philosophers in midnight's air,
the nature of suffering, a philosophical sea, unfair.

In the philosopher's study, questions unfold,
with no easy answers, just the mysteries of the old.
Like whispers of Socrates in the midnight air,
the nature of suffering is a philosophical affair.

PART V: Redemption's Call

Redemption's whispers amid shadows deep,
no simple path through the promises we keep.
Like a phoenix rising from the ashes of disdain,
pain becomes the crucible, the forge of gain.

In the recovering addict's journey, whispers of change,
no simple path, just promises in a life rearrange.
Like a phoenix rising from the ashes, unchained,
as pain becomes the crucible, redemption is sustained.

PART VI: Social Lament

Societal symphony, a cacophony of cries,
no tranquil chords in oppression's lies.
Like a symphony of discordant notes, unkind,
pain's verses become a poignant song, designed.

In the protests' tumult, a society cries,
no tranquil chords, just discordant societal ties.
Like a symphony of voices, and injustices combined,
pain's verses become a poignant song, signed.

PART VII: Symbolic Serenade

Symbols bloom in the garden of pain,
no explicit language, yet messages sustain.
Like cryptic hieroglyphs etched in the soul's veneer,
allegories speak in the silence profound, sincere.

In the artist's studio, pain transforms into art,
no explicit language, just emotions from the heart.
Like cryptic hieroglyphs, the soul's emotions
clear,
allegories speak, in the silence, a message sincere.

PART VIII: Hope's Resilient Light

Hope, a lantern in pain's darkest night,
no surrender to despair, no endless plight.
Like a beacon on a stormy sea, steadfast,
in the garden of agony, a resilient bloom, unsurpassed.

In the cancer ward's dimness, a patient clings,
no surrender to despair, just the hope that springs.
Like a beacon on a stormy sea, steadfast,
in the garden of agony, resilience unsurpassed.

MÁS ALLÁ DEL DOLOR

PARTE I: El Baile Silencioso

En la tinta del bolígrafo del pesar, un baile se despliega,
ninguna catarsis buscada, ningún cuento vuelto a contar.
Como sombras bailando en los bordes de la desesperación,
un balé silencioso donde los ecos del corazón se emparejan.

En los corredores silenciosos de la pérdida, una viuda tropieza,
ninguna liberación catártica, solo dolor que humilla.
Como sombras bailando en el filo de las fotografías,
un balé silencioso en la promesa dolorosa del álbum.

PARTE II: La Forja Estoica

Resiliencia, un yunque en el horno de la aflicción,
ningún consuelo encontrado en la forja de la vida.
Como granito implacable bajo el peso de la tormenta,
mientras el martillo del dolor golpea, un destino templado.

En la crisálida de la enfermedad crónica, un guerrero se para,
ningún consuelo encontrado, solo la fuerza de manos resilientes.
Como granito implacable bajo el peso de cada tratamiento,
mientras el martillo del dolor golpea, la resiliencia se eleva.

PARTE III: El Lienzo de la Empatía

En el lienzo de heridas compartidas, un mosaico se teje,
ninguna tribulación personal, solo alivios compartidos.
Como hilos de comprensión cosiendo corazones,
los trazos del pincel de la empatía pintan
la conexión del dolor, arte.

En la sala de consejería, dos almas se encuentran,
ninguna tribulación personal, solo heridas que coinciden.
Como hilos de empatía cosiendo heridas invisibles,
un tapiz de curación, una conexión serena.

PARTE IV: Ecos Existenciales

Preguntas resuenan en las cámaras del dolor,
ninguna respuesta fácil en este terreno existencial.
Como susurros de filósofos en el aire de medianoche,
la naturaleza del sufrimiento, un mar filosófico, injusto.

En el estudio del filósofo, preguntas se despliegan,
ninguna respuesta fácil, solo los misterios de lo antiguo.
Como susurros de Sócrates en el aire de medianoche,
la naturaleza del sufrimiento, un asunto filosófico.

PARTE V: El Llamado de la Redención

Susurros de redención en las sombras profundas,
ningún camino sencillo a través de las promesas que cumplimos.
Como un fénix que se eleva de las cenizas del desprecio,
mientras el dolor se convierte en el
crisol, la fragua de la ganancia.

En el viaje del adicto en recuperación, susurros de cambio,
ningún camino sencillo, solo promesas en
una reorganización de la vida.
Como un fénix que se eleva de las cenizas, desencadenado,
mientras el dolor se convierte en el crisol, la
redención se sostiene.

PARTE VI: Lamento Social

Sinfonía social, una cacofonía de llantos,
ningunos acordes tranquilos en las mentiras de la opresión.
Como una sinfonía de notas discordantes, crueles,
los versos del dolor se convierten en una
canción conmovedora, diseñada.

En el tumulto de las protestas, una sociedad llora,
ningunos acordes tranquilos, solo ataduras sociales discordantes.
Como una sinfonía de voces, injusticias combinadas,
los versos del dolor se convierten en una
canción conmovedora, firmada.

PARTE VII: Serenata Simbólica

Símbolos florecen en el jardín del dolor,
ningún lenguaje explícito, aún los mensajes se sostienen.
Como jeroglíficos grabados en el alma,
alegorías hablan en el silencio profundo, sincero.

En el estudio del artista, el dolor se transforma en arte,
ningún lenguaje explícito, solo emociones del corazón.
Como jeroglíficos, las emociones del alma se despejan,
alegorías hablan, en el silencio, un mensaje sincero.

PARTE VIII: La Luz Resiliente de la Esperanza

La esperanza, una linterna en la noche más oscura del dolor,
ninguna rendición a la desesperación,
ningún destino interminable.
Como un faro en un mar tormentoso, firme,
en el jardín de la agonía, una flor resiliente, inigualable.

En la penumbra de la sala de cáncer, un paciente se aferra,
ninguna rendición a la desesperación,
solo la esperanza que brota.
Como un faro en un mar tormentoso, firme,
en el jardín de la agonía, una resiliencia inigualable.

TIME / TIEMPO

TIME'S DISQUIETING MURMURS

I

In the dingy halls of time,
echoes cackle,
moments whisper,
a memory shackled.
Proustian musings,
a waltz with the past,
time's gnashing teeth,
memories cast.

II

Fleeting seconds,
like ghosts they roam,
clinging to memories,
a precarious home.
Yet the slippery grip
of time prevails,
in the macabre dance,
shadows unveil.

III

Madeleine's taste,
a portal amok,
time's riddle in memory's
dark nook.
Preserved moments,
a subtle drift,
as time's phantom lingers,
memories adrift.

IV

Yesterday's mutterings,
today's muted drum,
time's tango,
memories succumb.
A kaleidoscope of hues,
in distortion,
time's chaos,
an elusive concoction.

V

Chronicles carved
on the psyche's slate,
time's footsteps,
a relentless gait.
Yet the prism of perception
twists the hue,
as the past, in memory,
warps anew.

VI

A photograph frozen,
a stillborn bliss,
yet time's venomous venom
won't dismiss.
Faces morph,
landscapes deform,
in the album of decay,
a relentless storm.

VII

Nostalgia's acrid hug,
a bitter tale,
time's paradox,
memories frail.
The echoes of laughter,
the echo of tears,
as time, in memories,
ferociously veers.

VIII

The clock's ticking,
a cacophony in rhyme,
time's discord,
memories malign.
A symphony of moments,
each note a crime,
yet time's melody changes
with the grime.

IX

Fleeting hours,
like petals in disdain,
memory's chaos,
a cacophony's bane.
Yet the narrative spins,
a chaotic rhyme,
as time's grip molds
the paradigm.

X

A letter penned,
inked in despair,
time's claws
in the words we bear.
Yet meanings mutate,
as seasons decay,
in the book of decay,
chapters sway.

XI

The ticking clock,
a metronome's jest,
time's cadence,
memories at rest.
Yet the rhythm falters,
a subtle decay,
as time's choreography
leads memories astray.

XII

A childhood melody,
a discordant race,
time's embrace
in the music's embrace.
Yet the melody shifts,
notes derange,
in the dance of memories,
a subtle change.

XIII

Footprints in the sand,
a fleeting grimace,
time's imprint,
memory's menace.
Yet tides erase,
as shores redefine,
in the vast expanse
of memory's malign.

XIV

A whispered promise,
a love misled,
time's caress
in the feelings bred.
Yet emotions evolve,
a sinister crime,
as time's grip
unfolds a paradigm.

XV

Moments engraved
on the heart's revolt,
time's echo
in joy and revolt.
Yet the heart's dirge,
a dynamic score,
in the theater of decay,
scenes explore.

XVI

A sepia photograph,
a vintage strife,
time's grasp
in the images we rife.
Yet colours fade,
as nostalgia's scream,
in the portrait of decay,
an ever-changing dream.

XVII

The fragrance of lilacs
in a maddening spring,
time's aroma,
a haunting fling.
Yet scents dissipate,
a fragrant decay,
in the graveyard of memory,
blossoms decay.

XVIII

A tapestry unraveled,
threads in revolt,
time's stranglehold,
memories exalt.
Yet the fabric frays,
a subtle revolt,
as time's journey
through memories vault.

XIX

The final act
in the theater of decay,
memories linger,
a nihilistic sway.
Yet the curtain falls,
the stage bereft,
in the tragicomedy of memory,
no theft.

XX

In the labyrinth of time,
memories prance,
a kaleidoscope of chaos
to enhance.
Yet the ever-shifting
sands of time,
in memory's discord,
a poetic mime.

MURMULLOS INQUIETANTES DEL TIEMPO

I

En los corredores oscuros
del tiempo,
eco de risas
se escucha,
en su intento.
Susurros
de momentos,
una memoria atada,
musinos Proustianos,
un vals del pasado.

II

Segundos fugaces,
como fantasmas van,
aferrándose
a memorias,
un hogar banal.
Aún la agarre
escurridiza
del tiempo prevalece,
en el baile macabro,
sombras se desvanecen.

III

Sabor a Madeleine,
un portal desbocado,
el enigma
de tiempo
en la memoria anidado.
Momentos preservados,
un sutil desliz,
como fantasma
del tiempo,
memorias a la raíz.

IV

Murmuraciones de ayer,
tambor hoy en mudez,
tango de tiempo,
memorias sucumben
tal vez.
Un caleidoscopio
de colores,
distorsión,
caos del tiempo,
una elusiva confusión.

V

Crónicas talladas
en la pizarra psíquica,
pasos del tiempo,
una marcha frenética.
Pero el prisma
de percepción
tuerce la tonalidad,
como el pasado
en la memoria,
de nuevo en realidad.

VI

Una fotografía congelada,
un éxtasis inútil,
sin embargo,
el veneno
del tiempo persiste sutil.
Caras cambian,
paisajes se deforman,
en el álbum
del deterioro,
tormenta que asoma.

VII

El abrazo agridulce de la nostalgia,
una historia amarga,
paradoja del tiempo,
memorias frágiles,
ciertamente.
Ecos de risas,
eco de lágrimas,
mientras el tiempo,
en memorias,
furiosa gira.

VIII

El tic tac del reloj,
una cacofonía en rima,
discordia del tiempo,
memorias malignas.
Una sinfonía
de momentos,
cada nota un crimen,
aún así,
la melodía del tiempo
cambia con el maldito lodo.

IX

Horas fugaces,
como pétalos en desprecio,
caos de la memoria,
una plaga
del cual desprecio.
Aún el relato gira,
una rima caótica,
mientras el agarre
del tiempo
moldea la órbita.

X

Una carta escrita,
entintada
en desespero,
garras del tiempo
en las palabras
que espero.
Pero los significados mutan,
como estaciones que mueren,
en el libro del deterioro,
capítulos que tiemblan.

XI

El tic tac del reloj,
un metrónomo burlón,
cadencia del tiempo,
memorias en reposo.
Pero el ritmo titubea,
un sutil declive,
mientras la coreografía
del tiempo conduce
memorias a la deriva.

XII

Una melodía infantil,
una carrera discordante,
el abrazo del tiempo
en la música ambulante.
Aún así,
la melodía cambia,
notas que desordenan,
en la danza
de las memorias,
un cambio sutil.

XIII

Huellas en la arena,
una expresión fugaz,
la impronta del tiempo,
la amenaza
de la memoria.
Pero las mareas borran,
mientras las costas redefinen,
en el vasto espacio
de diseño
de la memoria maligna.

XIV

Una promesa susurrada,
un amor desviado,
caricia del tiempo
en los sentimientos
engendrados.
Aún las emociones
evolucionan,
un crimen siniestro,
mientras el agarre del tiempo
despliega un paradigma.

XV

Momentos grabados
en el corazón
que revuelta,
eco del tiempo
en alegría y
en revuelta.
Pero el canto del corazón,
una partitura dinámica,
en el teatro del deterioro,
escenas que exploran.

XVI

Una fotografía sepia,
una lucha vintage,
el apretón del tiempo
en las imágenes
que subvierte.
Aún así,
los colores se desvanecen,
como el grito de la nostalgia,
en el retrato del deterioro,
un sueño siempre cambiante.

XVII

La fragancia de lilas
en una primavera enloquecida,
aroma del tiempo,
un lanzamiento
que atormenta.
Pero los olores se disipan,
un deterioro fragante,
en el cementerio
de la memoria,
las flores desvanecen.

XVIII

Un tapiz desentrañado,
hilos en rebelión,
el estrangulamiento
del tiempo,
memorias exaltadas.
Pero la tela se deshilacha,
un sutil levantamiento,
mientras el viaje del tiempo
a través de memorias
se oculta.

XIX

El acto final
en el teatro
del deterioro,
memorias persisten,
un balance nihilista.
Pero el telón cae,
el escenario despojado,
en la tragicomedia
de la memoria,
ningún robo.

XX

En el laberinto del tiempo,
memorias bailan,
un caleidoscopio
de caos para realzar.
Pero las arenas
siempre cambiantes
del tiempo,
en la discordia
de la memoria,
una mímica poética.

THE REALITY OF TIME

In the rhythm of moments,
past and future gently sway,
a rhythmic flow,
a dance of time's array.

Echoes of yesterday ride
the whispering breeze,
memories bathed in hues,
a nostalgic tease.

Each step leaves a mark
on the sands of days gone by,
a gallery of yesterdays
beneath the vast sky.

Yet the future,
a canvas untouched and wide,
a realm of maybe,
where destinies abide.

Within the corridors of memory,
we drift and roam,
whispers of what was,
a heart's cherished home.

But forward we march,
to the beat of the unknown,
a journey unfolding,
seeds of fate already sown.

The ticking clock,
the heartbeat's ceaseless rhyme,
a rhythm echoing
through the corridors of time.

Ways of the past,
a lantern in shadows stark,
guiding our steps
through a cosmic spark.

Futures yet unformed,
like constellations afar,
painting the night sky,
a celestial memoir.

In this rhythmic dance
where beginnings and ends,
merge into a waltz,
every heartbeat sends.

Time crystals shimmer
in the river's gentle flow,
a dance of particles,
a quantum undertow.

Rejecting the discrete nature,
time refuses to stand still,
a river in constant flow,
weaving its eternal thrill.

Ways of the past and future,
an enigmatic play,
yet, the present is still,
the only reality, they say.

Past and future,
shared illusions, it seems,
in the present's embrace,
where reality gleams.

LA REALIDAD DEL TIEMPO

En el ritmo de los momentos,
pasado y futuro se mecen suavemente,
un flujo rítmico,
una danza del conjunto del tiempo.

Ecos del ayer cabalgan
en la brisa susurrante,
recuerdos bañados en matices,
una provocación nostálgica.

Cada paso deja una huella
en las arenas de días ya idos,
una galería de ayeres
bajo el vasto cielo.

Aún el futuro,
un lienzo intocado y amplio,
un reino de quizás,
donde los destinos residen.

Dentro de los corredores de la memoria,
vagamos y deambulamos,
susurros de lo que fue,
un hogar querido del corazón.

Pero avanzamos,
al compás de lo desconocido,
un viaje desplegándose,
semillas del destino ya sembradas.

El reloj que tic-taquea,
la rima incesante del latido,
un ritmo que resuena
a través de los corredores del tiempo.

Formas del pasado,
una linterna en sombras severas,
guiando nuestros pasos
a través de una chispa cósmica.

Futuros aún no formados,
como constelaciones lejanas,
pintando el cielo nocturno,
una memoria celestial.

En esta danza rítmica
donde comienzos y finales,
se funden en un vals,
cada latido envía.

Los cristales de tiempo destellan
en el suave fluir del río,
una danza de partículas,
una corriente cuántica.

Rechazando la naturaleza discreta,
el tiempo se niega a quedarse quieto,
un río en flujo constante,
tejiendo su emoción eterna.

Formas del pasado y futuro,
un juego enigmático,
sin embargo, el presente permanece,
la única realidad, dicen.

Pasado y futuro,
ilusiones compartidas, parece,
en el abrazo del presente,
donde la realidad resplandece.

HOLD TIME STILL

Tick-tock goes the kitchen clock,
but here I sit, in thought-lock.
Seconds stretch to hours long,
in this moment, time's gone wrong.

The world spins, a busy blur,
yet I'm still, a quiet stir.
Cars may honk and people dash,
but in my mind, a silent splash.

A coffee's pause, a lunchtime still,
time's routine bent to my will.
The future waits, its pace held tight,
in the stillness of a traffic light.

Chaos reigns in rush-hour flight,
order lost to the streetlight's plight.
In this space where moments fray,
I find the words I need to say.

For time is but a fickle stream,
a morning's start, an evening's dream.
And in this gap where minutes lie,
I grasp the truth that can't deny:

Time may stop, or time may flee,
But in these words, I'm truly free.

DETENER EL TIEMPO

Tic-tac del reloj en la cocina,
aquí sentado, en cerradura mental.
Los segundos se estiran largos,
en este instante, el tiempo está errado.

El mundo gira, un bullicio veloz,
pero estoy quieto, un leve movimiento.
Los coches tocan la bocina y la gente corre,
pero en mi mente, un chapoteo silencioso.

Una pausa para el café, un almuerzo inmóvil,
la rutina del tiempo doblegada a mi voluntad.
El futuro espera, su ritmo bien sujeto,
en la quietud de un semáforo.

El caos reina en el vuelo de la hora pico,
el orden perdido ante la adversidad del farol.
En este espacio donde los momentos se deshilachan,
encuentro las palabras que necesito decir.

Porque el tiempo es, pero un arroyo caprichoso,
un comienzo matutino, un sueño vespertino.
Y en esta brecha donde yacen los minutos,
comprendo la verdad que no puede negar:

El tiempo puede parar, o el tiempo puede huir,
pero en estas palabras, soy verdaderamente libre.

DEGREES OF FREEDOM

In the garden where
choices stem,
paths diverge by the root,
not the hem.
North, South, East,
where destinies condemn,
freedom's a bird
in the dawn's diadem.

Tears fall like rain
in the silence of night,
for the caged bird's plight,
and the wild's flight.
"Freedom," it weeps,
"is but a slight,
in the grand tapestry
that we alight."

Laughter echoes,
with a pen in hand,
sketching dreams
that withstand.
"Degrees of freedom,"
it proclaims, "expand,
beyond the fences
of a measured land."

In the tavern of tales,
where fates intertwine,
the poet's quill stirs
the soul's design.
Degrees of freedom,
in the heart's confine,
are the stories we tell,
the lines we define.

Sorrow's weight,
in the poet's verse,
finds freedom trapped
by a silent curse.
While words of jest,
ever so diverse,
unshackle the bonds
that we rehearse.

So here we stand,
betwixt thought and deed,
where freedom's measure,
we all need.
In nature, it's clear,
as the seed grows,
but in the human spirit,
it freely flows.

For what are we,
but seeds in bloom?
Bound by earth,
in nature's womb.
Yet in our hearts,
lies a deeper room,
a world unchained,
by freedom's loom.

GRADOS DE LIBERTAD

En el jardín donde
las opciones brotan,
los caminos se bifurcan por la raíz,
no por el dobladillo.
Norte, Sur, Este,
donde los destinos condenan,
la libertad es un ave
en la diadema del alba.

Lágrimas caen como lluvia
en el silencio de la noche,
por la lucha del ave enjaulada,
y el vuelo del salvaje.
"La libertad", llora,
"es solo un leve,
en el gran tapiz
que iluminamos."

La risa resuena,
con una pluma en la mano,
esbozando sueños
que resisten.
"Grados de libertad",
proclama, "se expanden,
más allá de las vallas
de una tierra medida."

En la taberna de los cuentos,
donde los destinos se entrelazan,
la pluma del poeta agita
el diseño del alma.
Grados de libertad,
en el confín del corazón,
son las historias que contamos,
las líneas que definimos.

El peso del dolor,
en el verso del poeta,
encuentra la libertad atrapada
por una maldición silenciosa.
Mientras que palabras de broma,
tan diversas,
desatan los lazos
que ensayamos.

Así que aquí estamos,
entre el pensamiento y el acto,
donde la medida de la libertad,
todos necesitamos.
En la naturaleza, es claro,
como crece la semilla,
pero en el espíritu humano,
fluye libremente.

Pues ¿qué somos,
sino semillas en flor?
Atados por la tierra,
en el vientre de la naturaleza.
Sin embargo, en nuestros corazones,
yace una habitación más profunda,
un mundo desencadenado,
por el telar de la libertad.

IN THE END

*"Everyone I know goes away
in the end."*
- Nine Inch Nails

In the end,
everyone I know
goes away,
like fleeting shadows
in the fading light,
time's relentless march,
an endless sway,
as day turns to dusk,
and darkness
takes flight.

With each passing year,
a friend leaves,
their laughter echoes
in the empty room,
memories linger,
etched
in silent hearts,
as flowers wither
in the gathering
gloom.

Family ties,
once strong,
now frayed and worn,
as generations pass,
like grains of sand,
the cycle of life,
relentless
and forlorn,
as we journey onward,
hand in hand.

Yet amidst the sorrow,
a glimmer of grace,
in the bonds
we forge,
in love's embrace,
for in the end,
though we may
part ways,
our souls unite
in the eternal blaze.

AL FINAL

*"Todos los que conozco se van
al final."*
- Nine Inch Nails

En el final,
todos los que conozco
se van,
como sombras fugaces
en la luz que se desvanece,
el marchar implacable del tiempo,
un balanceo sin fin,
mientras el día se convierte en atardecer,
y la oscuridad
toma vuelo.

Con cada año que pasa,
un amigo se despide,
su risa resuena
en la habitación vacía,
los recuerdos perduran,
grabados
en corazones silenciosos,
mientras las flores se marchitan
en la reunión
de la penumbra.

Los lazos familiares,
una vez fuertes,
ahora desgastados y gastados,
mientras las generaciones pasan,
como granos de arena,
el ciclo de la vida,
implacable
y melancólico,
mientras viajamos hacia adelante,
mano a mano.

Sin embargo, en medio del dolor,
un destello de gracia,
en los lazos
que forjamos,
en el abrazo del amor,
porque al final,
aunque podamos
seguir caminos separados,
nuestras almas se unen
en el resplandor eterno.

INFINITY IN THE FINITE

*"To see a World in a grain of sand
And a Heaven in a wild flower,
Hold Infinity in the palm of your hand
And Eternity in an hour."*
~**William Blake**, *from "Auguries of Innocence"*

In a speck of dust, a cosmos spins,
A wildflower cradles heaven's whim.
Infinity rests in a mortal's clasp,
Eternity fleets in moments' gasp.

Paradoxes woven in the fabric of space,
Time's relentless march, a tireless chase.
A paradox, a truth, a lie, a dare,
Being's burden is ours to bear.

We hold the vast in our fragile shell,
In fleeting hours, eternal tales we tell.
The world's weight in a grain, a test,
In a petal's curve, the divine rests.

In the lines we trace, sorrow and mirth,
In the cosmic race, wit finds its birth.
To be is to hold the infinite tight,
And in a blink, grasp the endless night.

The consequence of such thoughts, so rife,
Is the dance of death and the pulse of life.
In the palm, a universe's fate,
In an hour, the turn of time's gate.

So, ponder deep, as once was penned,
For in the small, the vast extends.
And in our being, time's grand expanse,
A grain, a flower, in them, we dance.

EL INFINITUD DE LO FINITO

"Ver un Mundo en un grano de arena
Y un Cielo en una flor silvestre,
Sostener el Infinito en la palma de tu mano
Y la Eternidad en una hora."
*~****William Blake****, de "Auguries of Innocence"*

En un átomo de polvo, un cosmos gira,
una flor silvestre cuna caprichos del cielo.
La infinidad descansa en el abrazo mortal,
la eternidad huye en el suspiro del tiempo.

Paradojas tejidas en el tejido del espacio,
la marcha implacable del tiempo, una caza incansable.
Una paradoja, una verdad, una mentira, un desafío,
la carga del ser es nuestra para soportar.

Sostenemos lo vasto en nuestra frágil concha,
en horas fugaces, eternas historias contamos.
El peso del mundo en un grano, una prueba,
en la curva de un pétalo, lo divino descansa.

En las líneas que trazamos, la tristeza y la burla,
en la carrera cósmica, la agudeza y la profundidad.
Ser es sostener lo infinito fuerte,
y en un parpadeo, comprender la noche sin fin.

La consecuencia de tales pensamientos, tan abundante,
es la danza de la muerte y el pulso de la vida.
En la palma, el destino de un universo,
en una hora, el giro de la puerta del tiempo.

Así que reflexiona profundamente, como en los versos antiguos,
pues en lo pequeño, lo vasto se extiende.
Y en nuestro ser, la gran extensión del tiempo,
un grano, una flor, en ellos, bailamos.

BEING & TIME / SER & TIEMPO

ZEITGEIST

The "Zeitgeist,"
in its fractured tongue
and trembling sighs,
unveils secrets
of the epoch's soul.

It is the ethereal mist
that dances to the beat of times,
revealing the collective spirit
in its silent prayer.

No rhyme or meter can capture it,
just a shadow of meaning
in the twilight of days.

An echo without verses,
a dance without rhythm,
it is the Zeitgeist,
invisible and elusive,
staining with its restless brush
the canvases of existence,
leaving its fleeting mark
on humanity's heart.

In a world of machines
and burning lights,
Zeitgeist rises,
with latent whispers.
A cry of avant-garde,
the night adorns itself,
reality
and dream intertwine.

In the darkness of the future,
in its profound cloak,
it clings to man,
in his absolute fate.
In cybernetic factories,
dreams are forged,
flesh merges
with probing cables.

Zeitgeist, flickering,
in a gloomy corner,
an empty canvas,
a wild art.
AI and humanity,
in endless dance,
metaphorical examples,
in this epic penned.

Like Poe's raven,
in the dark midnight,
Zeitgeist soars high,
its shadow endures.
On every screen, selfie, and post,
The spirit takes over,
a ghost in the net,
Zeitgeist, witness of a century in sway.

And in the reflection of our era,
unceasing,
the Israeli
and Palestinian struggle,
like a sea,
from generation to generation,
it extends,
a conflict that in the Zeitgeist is understood.

Like a perpetual echo,
etched in memory,
in the history of humanity,
a tumultuous chapter.
The Zeitgeist predicts its persistence,
its trace,
in this century in sway,
peace still sparkles.

ZEITGEIST

El "Zeitgeist",
en su lengua quebrada
y suspiros trémulos,
nos desvela secretos
del alma de la época.

Es el vaho etéreo
que danza al compás de los tiempos,
revelando el espíritu colectivo
en su oración muda.

No hay rima ni métrica que lo atrape,
solo una sombra de significado
en la penumbra de los días.

Un eco sin versos,
una danza sin compás,
es el Zeitgeist,
invisible e inasible,
que tiñe con su pincel inquieto
los lienzos de la existencia,
dejando su huella fugaz
en el corazón de la humanidad.

En un mundo de máquinas
y luces ardientes,
Zeitgeist se alza,
con susurros latentes.
Un grito de vanguardia,
la noche se engalana,
la realidad
y el sueño se entrelazan.

En la oscuridad del futuro,
en su manto profundo,
se ciñe sobre el hombre,
en su sino rotundo.
En fábricas cibernéticas,
sueños se forjan,
la carne se mezcla
con cables que escarban.

Zeitgeist, titilante,
en rincón sombrío,
un lienzo vacío,
un arte bravío.
La IA y la humanidad,
en danza infinita,
ejemplos metafóricos,
en esta épica escrita.

Como el cuervo de Poe,
en medianoche oscura,
Zeitgeist vuela alto,
su sombra perdura.
En cada pantalla, selfi y post,
el espíritu se adueña,
un fantasma en la red,
Zeitgeist, testigo de un siglo en vaivén.

Y en el reflejo de nuestra era,
sin cesar,
la lucha israelita
y palestina,
como un mar,
de generaciones a generaciones,
se extiende,
un conflicto que en el Zeitgeist se comprende.

Como un eco perpetuo,
en la memoria grabado,
en la historia de la humanidad,
un capítulo agitado.
El Zeitgeist predice su persistencia,
su huella,
en este siglo en vaivén,
la paz aún destella.

ETERNAL REACCURANCE

I

In the vast cosmos,
where cosmic threads are one,
cosmological theories,
from minds divine,
a cycle woven
of time's own fabric,
where moments fade
and reappear, no magic.

"Live as though
life repeats once more,"
Nietzsche's wisdom,
echoed o'er,
each deed,
each thought,
a cosmic thread,
in the eternal return's widespread.

Would you embrace
or fear the ride,
if all relived,
with nowhere to hide?
challenge posed,
a ponderous weight,
to seize the moment
or hesitate.

Hindu teachings,
with their theological depth,
echoing through time,
with every breath,
Karmic cycles,
births and deaths,
in the eternal dance,
where fate begets.

Cosmological musings,
quantum streams,
weaving through reality's
endless dreams,
each theory adds
to the tale's unfold,
in the eternal return,
stories retold.

I invite, dear reader,
to contemplate
this timeless wheel,
where past and future gently kneel,
in every loop,
a chance to learn,
in the eternal dance,
the cosmos churns.

II

In the cosmic loom,
threads intertwine,
Nietzsche's thought
with the divine,
a cycle spun
of time's own yarn,
where moments die
and are reborn.

"Live as if you'll
live again,"
the German sage
did once pen,
each act,
each thought,
a weight to bear,
in the eternal return's stare.

Would you despair
or find delight,
if all recurred
in endless flight?
A demon's whisper
in the night,
a challenge to embrace
life's light.

Zarathustra spoke
of this test,
to live each moment
as your best,
for in recurrence,
there's no jest,
each life, each love,
a cosmic quest.

Hindu cycles
and cosmos' birth,
Nietzsche's musings,
a philosopher's worth,
together they spin
the tale of Earth,
in eternal recurrence,
death and mirth.

Dear reader, ponder deep
this endless dance,
of atoms, souls,
and stoic stance,
in every end,
a new expanse,
eternal return,
not left to chance.

III

In the gyre of time,
a tale unfurls,
not as a wheel
that mindlessly twirls,
but a spiral ascending,
ever so tight,
a dance of cosmos
in perpetual flight.

Each turn,
a story,
old yet new,
bound by the thread of déjà vu,
the past is a shadow,
future a light,
in this helix of stars,
an endless night.

From simplicity's seed,
complexities bloom,
in the garden of aeons,
life finds room,
a cycle of growth,
a boundless expanse,
where moments and eons
whimsically dance.

The spiral spins,
a cosmic loom,
weaving the fabric
of a universal womb,
with each revolution,
a greater design,
in the art of infinity,
eternally entwined.

My dear reader,
let us embrace this grand recast,
not as a circle,
but a saga vast,
where every return
is a chance to enhance,
the intricate beauty
of this timeless dance.

RECURRENCIA ETERNA

I

En el vasto cosmos,
donde los hilos cósmicos son uno,
teorías cosmológicas,
de mentes divinas,
un ciclo tejido
del propio tejido del tiempo,
donde los momentos se desvanecen
y reaparecen, sin magia.

"Vive como si
la vida se repitiera una vez más",
la sabiduría de Nietzsche,
resonó,
cada hecho,
cada pensamiento,
un hilo cósmico,
en la amplia difusión del eterno retorno.

¿Abrazarías
o temerías el viaje,
si todo se reviviera,
sin lugar donde esconderse?
desafío planteado,
un peso ponderoso,
para aprovechar el momento
o dudar.

Enseñanzas hindúes,
con su profunda teología,
resonando a través del tiempo,
con cada aliento,
ciclos kármicos,
nacimientos y muertes,
en la danza eterna,
donde el destino engendra.

Reflexiones cosmológicas,
corrientes cuánticas,
tejiendo a través de la realidad
sueños sin fin,
cada teoría añade
al despliegue del cuento,
en el eterno retorno,
historias recontadas.

Te invito, querido lector,
a contemplar
esta rueda atemporal,
donde el pasado y el futuro se arrodillan suavemente,
en cada bucle,
una oportunidad para aprender,
en la danza eterna,
el cosmos gira.

II

En el telar cósmico,
los hilos se entrelazan,
el pensamiento de Nietzsche
con lo divino,
un ciclo hilado
del propio hilo del tiempo,
donde los momentos mueren
y renacen.

"Vive como si fueras a
vivir de nuevo",
el sabio alemán
una vez escribió,
cada acto,
cada pensamiento,
un peso que llevar,
bajo la mirada del eterno retorno.

¿Desesperarías
o encontrarías deleite,
si todo se repitiera
en vuelo sin fin?
Un susurro de demonio
en la noche,
un desafío para abrazar
la luz de la vida.

Zaratustra habló
de esta prueba,
vivir cada momento
como tu mejor,
pues en la recurrencia,
no hay broma,
cada vida, cada amor,
una búsqueda cósmica.

Ciclos hindúes
y nacimiento del cosmos,
reflexiones de Nietzsche,
el valor de un filósofo,
juntos hilan
el cuento de la Tierra,
en la recurrencia eterna,
muerte y alegría.

Querido lector, reflexiona profundamente
esta danza sin fin,
de átomos, almas,
y postura estoica,
en cada final,
una nueva extensión,
retorno eterno,
no dejado al azar.

III

En el giro del tiempo,
un cuento se despliega,
no como una rueda
que gira sin sentido,
sino como una espiral ascendente,
siempre tan apretada,
una danza del cosmos
en vuelo perpetuo.

Cada vuelta,
una historia,
vieja pero nueva,
atada por el hilo del déjà vu,
el pasado es una sombra,
el futuro una luz,
en esta hélice de estrellas,
una noche sin fin.

De la semilla de la simplicidad,
florecen las complejidades,
en el jardín de los eones,
la vida encuentra espacio,
un ciclo de crecimiento,
una extensión sin límites,
donde momentos y eones
danzan caprichosamente.

La espiral gira,
un telar cósmico,
tejiendo la tela
de un útero universal,
con cada revolución,
un diseño más grande,
en el arte del infinito,
eternamente entrelazado.

Mi querido lector,
abracemos este gran nuevo elenco,
no como un círculo,
sino una saga vasta,
donde cada retorno
es una oportunidad para mejorar,
la intrincada belleza
de esta danza atemporal.

ESCAPE

In the silence of the conference's hum,
my thoughts take wing, and then some.
Five minutes on the dial, a fleeting chance,
from the drab discourse, my mind does dance.

The speaker's voice, a whispered breeze,
my memories awaken, with the greatest of ease.
A slant of light, through the shade it sneaks,
casting shadows of a life, in quiet creeks.

Laughter echoes, from a time once dear,
instead of data, these visions appear.
A race to the oak, the swing's high arc,
against the dry facts, these flashes spark.

The room's air, now a springtime scent,
with aromas of pine and flowers it's bent.
The ticking clock, now a mother's lullaby,
as my spirit strolls, under a memory's sky.

In this hall of commerce, where deals are spun,
my soul finds peace as the past is spun.
For just five minutes, I'm swept through time,
in the mosaic of memories, quietly sublime.

Old companions, with their grins so wide,
and cherished ones gone, now by my side.
They join my sojourn, a mute cavalcade,
in the chamber of thought, their imprints made.

We converse in looks, no lexicon needed,
their essence felt, fondly heeded.
In the weave of the mind, they glimmer,
their heritage stitched, in every shimmer.

And as the meeting beckons me back,
to the realm of goals, off the beaten track.
I return with a murmur of affection once sown,
for in my mind, a gathering has grown.

FUGA

En el silencio del zumbido de la conferencia,
mis pensamientos despegan, y algo más.
Cinco minutos en el reloj, una oportunidad fugaz,
del discurso monótono, mi mente se pone a bailar.

La voz del orador, una brisa susurrada,
mis recuerdos despiertan, con la mayor facilidad.
Un rayo de luz, que a través de la sombra se cuela,
proyectando sombras de una vida, en arroyos tranquilos.

Risas que resuenan, de un tiempo una vez querido,
en lugar de datos, estas visiones aparecen.
Una carrera hacia el roble, el alto arco del columpio,
contra los hechos secos, estas chispas despiertan.

El aire de la sala, ahora un aroma primaveral,
con aromas de pino y flores se ha torcido.
El reloj que marca, ahora una canción de cuna materna,
mientras mi espíritu pasea, bajo un cielo de recuerdos.

En este salón del comercio, donde se hilan los tratos,
mi alma encuentra paz mientras el pasado se teje.
Por solo cinco minutos, soy arrastrado a través del tiempo,
en el mosaico de recuerdos, silenciosamente sublime.

Viejos compañeros, con sus sonrisas tan amplias,
y seres queridos desaparecidos, ahora a mi lado.
Se unen a mi viaje, una cabalgata muda,
en la cámara del pensamiento, sus huellas hechas.

Conversamos con miradas, no se necesita léxico,
su esencia sentida, cariñosamente atendida.
En el tejido de la mente, ellos brillan,
su legado cosido, en cada destello.

Y mientras la reunión me llama de vuelta,
al reino de los objetivos, fuera del camino trillado.
Regreso con un murmullo de afecto una vez sembrado,
pues en mi mente, una reunión ha crecido.

DEFERRED DREAMS

In the dim light of a deferred dream,
where shadows cast long lines of doubt,
there lies the heavy heart, it would seem,
laden with promises that went without.

Aspirations, like birds, took flight in the morn,
soaring high on the breeze of fervent yearn,
but as dusk falls, they are left forlorn,
in the quiet nest, to which they return.

Hopes, once vibrant as Vallejo's verse,
now echo hollow, a silent, empty hall,
each unmet pledge, a silent curse,
a wall of whispers, where lost chances sprawl.

Promises, like seeds sown in barren land,
awaiting the rain that never came,
the tender touch of a nurturing hand,
left unfulfilled, just whispers of a name.

Yet, in the heart's secluded chamber,
where Vallejo's spirit stirs the air,
a flame flickers, amidst the amber,
a defiant spark, that despair cannot snare.

For every dream that night has taken,
and every hope that day has lost,
there's a promise, not forsaken,
and a line, that we have not yet crossed.

SUEÑOS DIFERIDOS

En la tenue luz de un sueño aplazado,
donde las sombras trazan dudas largas,
yace el corazón pesado, se ha notado,
cargado de promesas que se embargan.

Las aspiraciones, aves al alba, vuelan,
altas en la brisa del anhelo ardiente,
más al caer la tarde, solas duelen,
en el nido quieto, su regreso ausente.

Esperanzas, vivas como el verso de Vallejo,
ahora resuenan huecas, un corredor callado,
cada promesa incumplida, un mudo festejo,
un muro de susurros, donde el azar ha errado.

Promesas, como semillas en tierra estéril,
esperando la lluvia que jamás llegó,
el toque tierno de una mano fértil,
sin cumplir quedaron, solo un nombre susurró.

Aún, en la cámara secreta del corazón,
donde el espíritu de Vallejo mueve el aire,
una llama titila, en el ámbar visión,
un desafío al desaliento, que no desmaye.

Por cada sueño que la noche se llevó,
y cada esperanza que el día perdió,
hay una promesa, no abandonada,
y una línea, que aún no hemos cruzado.

THE COLLECTIVE UNCONSCIOUSNESS

Part One

Amidst pages painted
with the shared dream's hues,
echoes of symbols in a timeless muse.
A vast canvas,
where archetypes waltz,
whispers of the collective,
through shadows' pulse.

Dancers of symbols
in the arms of night,
weaving tales within
the cosmic light.
The journey of heroes
in celestial strands,
ancient rhythms
pulsing through unseen lands.

A melodic tapestry
of symbols unfolds,
resonating through time,
as the story molds.
Moonlit reflections
on the journey's crest,
mirrored in minds,
a timeless quest.

Silent shadows
wander through mental plains,
mapping myths like stars
in imaginative rains.
Cultural constellations,
stories untold,
in the tapestry of minds,
a shared threshold.

In the neural fires,
stories quietly gleam,
shared flames dancing
in the nocturnal dream.
Memory's cauldron,
where echoes persist,
a dance of symbols,
in the mind's mist.

The labyrinth of minds,
a winding maze,
ancient echoes
shaping our present days.
Laughter's echo,
tears that gently spread,
a canvas of symbols,
impressions widespread.

Unseen hands
shape fate's design,
in the loom of existence,
destinies entwine.
Symbols carved in the stone
of our being,
a language beyond words,
forever freeing.

In this symphony
of collective trance,
symbols dance,
weave and enhance.
Through ages,
the unconscious weaves,
a tapestry of humanity,
where every soul cleaves.

Mythical threads entwine
with mortal themes,
as ancient echoes whisper
in nightly dreams.
A Phoenix rising,
a perpetual flame,
in the poetic dance,
each soul finds its name.

Part Two

Amidst the Sahara's
endless dunes,
symbols carve
tales in whispered tunes.
A nomad's journey,
mirage and truth,
the collective's heartbeat,
ageless youth.

In the jade embrace
of Eastern hills,
ancient symbols dance,
the spirit fulfills.
Dragons weaving
through silk and time,
in the collective canvas,
myths sublime.

Beneath the Southern Cross,
a dreamtime's trance,
Aboriginal stories,
in the red earth dance.
The didgeridoo hums
with cosmic lore,
in the collective silence,
forevermore.

On Andean peaks,
where condors soar,
Incan echoes
in the wind's uproar.
Quipu knots,
a cosmic code,
in the tapestry of minds,
a sacred abode.

Through European woods,
where myths entwine,
Arthurian legends,
a round table's sign.
Excalibur,
a sword of fate,
in the collective's
mythic state.

Samurai swords
in cherry blossom rain,
Bushido whispers,
an honour regained.
Mount Fuji stands
as a silent sage,
in the collective's
timeless age.

Across the ocean,
in the Amazon's green,
shamanic visions,
a spirit unseen.
Ayahuasca's brew,
a cosmic tide,
in the collective journey,
souls confide.

In the Arctic's icy breath,
where legends freeze,
Northern lights,
a mystical tease.
Inuit tales carve
ice and air,
in the collective's
ancient prayer.

In the heart of Africa,
where rhythms beat,
ancestral drums,
a primal feat.
Savannah whispers,
a lion's roar,
in the collective's
mythic core.

Through the urban sprawl,
where neon gleams,
symbols flicker
in digital streams.
In the collective's
electronic trance,
data pulses,
a modern dance.

In the timeless Outback,
where spirits roam,
Dreamtime echoes
find a sacred home.
Uluru stands,
a red heartbeat,
in the collective's
rhythmic feat.

In this kaleidoscope
of shared dreams,
across cultures,
where symbolism gleams.
The collective's heartbeat,
a universal rhyme,
connecting souls
through the tapestry of time.

Part Three

In ancient scripts
on parchment laid,
quills dipped in shared wisdom,
a legacy made.
Shakespeare's quill,
a timeless scribe,
in the collective ink,
where stories imbibe.

Through Dickensian streets,
where orphans tread,
characters etched,
in readers' hearts spread.
Great Expectations,
in the collective's breath,
pipelines of emotion,
transcending death.

Jane Austen's novels,
where manners unfold,
social intricacies,
a collective mold.
In genteel dance,
where characters sway,
the collective's rhythm,
a societal ballet.

Hemingway's terse prose,
like a wounded bull,
in the collective's arena,
where emotions pull.
Old Man and the Sea,
a sea of the mind,
in the collective's tide,
where stories bind.

In Russian realms,
where Dostoevsky delves,
into the human psyche,
where darkness shelves.
Crime and Punishment,
a moral strife,
in the collective conscience,
the dance of life.

Through Gothic corridors,
where Poe's ravens cry,
tales of terror,
where shadows lie.
The Tell-Tale Heart,
a heartbeat's claim,
in the collective chamber,
where echoes remain.

In the magical realism
of Marquez's pen,
a town named Macondo,
where reality bends.
One Hundred Years of Solitude,
a tapestry spun,
in the collective illusion,
where time is undone.

Through the Harlem Renaissance,
a cultural bloom,
Langston Hughes' verses,
a soulful plume.
The Weary Blues,
a rhythmic refrain,
in the collective pulse,
where dreams sustain.

In the Beat Generation's
rebellious roar,
Kerouac's road,
a journey galore.
On the Road,
a collective quest,
in the mind's highway,
where freedom rests.

Sci-fi realms,
where Asimov reigns,
robotic tales,
where logic strains.
Foundation's edge,
a galactic expanse,
in the collective cosmos,
where theories enhance.

In the fantasy realms
of Rowling's spell,
a boy named Harry,
where destinies swell.
The Philosopher's Stone,
a magical door,
in the collective castle,
where myths restore.

In cyberpunk landscapes,
where Gibson weaves,
Neuromancer's matrix,
where technology cleaves.
A cyberspace dance,
where wires entwine,
in the collective network,
where futures align.

Literary roots,
like synaptic vines,
connecting minds
in shared designs.
Genetic imprints,
an ancestral code,
in the collective genome,
where stories erode.

Neural networks,
a dance of connection,
bridging the gap,
a shared reflection.
In the collective's labyrinth,
where stories entwine,
literature and neurons,
a cosmic design.

EL INCONSCIENTE COLECTIVO

Tercera Parte

En antiguos pergaminos
desplegados sobre hojas,
plumas sumergidas en sabiduría compartida,
un legado creado.
La pluma de Shakespeare,
un escriba atemporal,
en la tinta colectiva,
donde las historias se empapan.

A través de las calles Dickensianas,
donde los huérfanos caminan,
personajes grabados,
en corazones de lectores se esparcen.
Grandes Expectativas,
en el aliento colectivo,
conductos de emoción,
trascendiendo la muerte.

Las novelas de Jane Austen,
donde se despliegan modales,
intrincados sociales,
un molde colectivo.
En el baile gentil,
donde los personajes se balancean,
el ritmo colectivo,
un balé societal.

La prosa lacónica de Hemingway,
como un toro herido,
en la arena colectiva,
donde las emociones atraen.
El Viejo y el Mar,
un mar de la mente,
en la marea colectiva,
donde las historias atan.

En reinos rusos,
donde Dostoievski se sumerge,
en la psique humana,
donde la oscuridad se guarda.
Crimen y Castigo,
un conflicto moral,
en la conciencia colectiva,
la danza de la vida.

A través de pasillos góticos,
donde los cuervos de Poe lloran,
cuentos de terror,
donde las sombras yacen.
El Corazón Delator,
un reclamo del latido,
en la cámara colectiva,
donde los ecos persisten.

En el realismo mágico
de la pluma de Márquez,
un pueblo llamado Macondo,
donde la realidad se dobla.
Cien Años de Soledad,
una tela tejida,
en la ilusión colectiva,
donde el tiempo se deshace.

A través del Renacimiento de Harlem,
una eclosión cultural,
versos de Langston Hughes,
una pluma llena de alma.
Los Blues Fatigados,
un estribillo rítmico,
en el pulso colectivo,
donde los sueños perduran.

En el rugir rebelde
de la Generación Beat,
el camino de Kerouac,
una travesía en abundancia.
En el Camino,
una búsqueda colectiva,
en la autopista de la mente,
donde descansa la libertad.

Reinos de ciencia ficción,
donde Asimov reina,
cuentos robóticos,
donde la lógica se esfuerza.
El borde de la Fundación,
una expansión galáctica,
en el cosmos colectivo,
donde las teorías mejoran.

En los reinos de fantasía
del hechizo de Rowling,
un niño llamado Harry,
donde los destinos crecen.
La Piedra Filosofal,
una puerta mágica,
en el castillo colectivo,
donde los mitos se restauran.

En paisajes ciberpunk,
donde Gibson teje,
la matriz de Neuromancer,
donde la tecnología se desgaja.
Una danza en el ciberespacio,
donde los cables se entrelazan,
en la red colectiva,
donde los futuros se alinean.

Raíces literarias,
como viñas sinápticas,
conectando mentes
en diseños compartidos.
Impresiones genéticas,
un código ancestral,
en el genoma colectivo,
donde las historias erosionan.

Redes neuronales,
una danza de conexión,
tendiendo puentes,
una reflexión compartida.
En el laberinto colectivo,
donde las historias se entrelazan,
literatura y neuronas,
un diseño cósmico.

IS ANYONE HERE?

Open your mind,
time might have been,
and then no more.
There is no final appeal,
time is a silhouette,
empty moments,
shadows cry,
is anyone here?

In the vast expanse of thought,
echoes of what once was,
fade into the abyss.
No plea can halt the march,
of time's relentless stride,
as it paints the sky with dusk.

Empty hours stretch,
shadows dance in the twilight,
whispering secrets of the past.
But in this silent chamber,
where echoes linger,
is anyone here to hear?

In the depths of solitude,
echoes of questions unanswered,
haunt the corridors of the mind.
Time's relentless march,
leaves behind only echoes,
of what could have been.

In the stillness of the night,
whispers of longing,
merge with the darkness.
Memories fade into oblivion,
lost in the vast expanse,
of the unknown.

Dreams flicker like candle flames,
brief, yet luminous,
before fading into the void.
In the silence of existence,
the soul searches for meaning,
but finds only echoes.

Echoes of laughter,
echoes of tears,
echoes of all that once was.
Yet amidst the echoes,
a faint whisper lingers,
is anyone here to listen?

¿HAY ALGUIEN AQUÍ?

Abre tu mente,
El tiempo pudo haber sido,
Y luego ya no más.
No hay apelación final,
El tiempo es una silueta,
Momentos vacíos,
Las sombras lloran,
¿Hay alguien aquí?

En la vasta extensión del pensamiento,
Ecos de lo que una vez fue,
Se desvanecen en el abismo.
Ninguna súplica puede detener la marcha,
Del paso implacable del tiempo,
Mientras pinta el cielo de ocaso.

Horas vacías se estiran,
Sombras bailan en el crepúsculo,
Susurrando secretos del pasado.
Pero en esta cámara silenciosa,
Donde los ecos perduran,
¿Hay alguien aquí para escuchar?

En las profundidades de la soledad,
Ecos de preguntas sin respuesta,
Persiguen los corredores de la mente.
La marcha implacable del tiempo,
Deja atrás solo ecos,
De lo que pudo haber sido.

En la quietud de la noche,
Susurros de anhelo,
Se fusionan con la oscuridad.
Los recuerdos se desvanecen en el olvido,
Perdidos en la vasta extensión,
De lo desconocido.

Los sueños parpadean como llamas de vela,
Breves, pero luminosos,
Antes de desvanecerse en el vacío.
En el silencio de la existencia,
El alma busca un significado,
Pero encuentra solo ecos.

Ecos de risas,
Ecos de lágrimas,
Ecos de todo lo que una vez fue.
Sin embargo, entre los ecos,
Un susurro tenue persiste,
¿Hay alguien aquí para escuchar?

CONSCIOUSNESS

I

In the Garden of Reason,
where sunlight finds its path,
deductive thinking appears,
a sapling of structured craft.
A dance of thought,
where premises bloom,
leading to conclusions
like flowers in full bloom.

II

Nature's logic,
a rhythmic ballet,
syllogistic whispers,
a woodland play.
If roots entwine and branches
reach the sky,
deduction unfolds,
nature's reply.

III

Assumptions stand
as ancient trees,
axioms, like roots,
anchor deductive seas.
From these foundations,
logic streams,
deductive currents,
where clarity gleams.

IV

A symphony of symbols
in the forest's breeze,
logical operators,
rustling leaves.
Implications drawn
on nature's canvas,
deductive steps,
a woodland stance.

V

The dance begins
with a truth embraced,
a premise woven,
like ivy interlaced.
From there,
the logical tango weaves,
as each deduction
through the forest cleaves.

VI

A deduction's path,
a trail of proof,
nature's secrets,
an intellectual aloof.
If the premises stand,
rooted and true,
deductive thinking, like rivers,
continues to pursue.

VII

Yet in this grove,
beware the misstep,
fallacies lurking,
where shadows intercept.
Circular reasoning,
a tangled vine,
deduction falters,
in nature's design.

VIII

Through the corridors of thought,
it strides,
deductive reasoning,
where intellect resides.
Silent premises,
in the shadows hide,
as deductive echoes
through the woodland slide.

IX

A structured discourse,
like rivers align,
deductive reasoning,
a natural shrine.
From the general
to the specific it turns,
a logical journey,
where insight burns.

X

In the deductive grove,
conclusions gleam,
a reasoned ballet,
a natural dream.
In nature's realm,
where deductions play,
the dance of thought
unfolds its sway.

CONCIENCIA

I

En el jardín de la razón,
donde la luz del sol halla su camino,
el pensamiento deductivo emerge,
un retoño de artesanía estructurada.
Un baile del pensamiento,
donde las premisas florecen,
llevando a conclusiones
como flores en plena floración.

II

La lógica de la naturaleza,
un balé rítmico,
susurros silogísticos,
una obra del bosque.
Si las raíces se entrelazan y las ramas
alcanzan el cielo,
la deducción se despliega,
respuesta de la naturaleza.

III

Las suposiciones se erigen
como árboles ancestrales,
axiomas, como raíces,
anclan mares deductivos.
De estos cimientos,
fluye la lógica,
corrientes deductivas,
donde brilla la claridad.

IV

Una sinfonía de símbolos
en la brisa del bosque,
operadores lógicos,
hojas que susurran.
Implicaciones dibujadas
en el lienzo de la naturaleza,
pasos deductivos,
una postura del bosque.

V

El baile comienza
con una verdad abrazada,
una premisa tejida,
como hiedra entrelazada.
Desde allí,
el tango lógico teje,
mientras cada deducción
se abre paso por el bosque.

VI

El camino de la deducción,
un sendero de pruebas,
secretos de la naturaleza,
un intelectual distante.
Si las premisas se mantienen,
arraigadas y verdaderas,
el pensamiento deductivo, como ríos,
continúa su persecución.

VII

Aún en este bosquecillo,
cuidado con el paso en falso,
falacias acechando,
donde las sombras interceptan.
Razonamiento circular,
una enredadera enmarañada,
la deducción falla,
en el diseño de la naturaleza.

VIII

A través de los corredores del pensamiento,
avanza,
razonamiento deductivo,
donde reside el intelecto.
Premisas silenciosas,
se ocultan en las sombras,
mientras los ecos deductivos
se deslizan por el bosque.

IX

Un discurso estructurado,
como ríos que se alinean,
razonamiento deductivo,
un santuario natural.
De lo general
a lo específico se vuelve,
un viaje lógico,
donde arde la perspicacia.

X

En el bosque deductivo,
las conclusiones brillan,
un balé razonado,
un sueño natural.
En el reino de la naturaleza,
donde juegan las deducciones,
el baile del pensamiento
depliage su influencia.

IT CAME TO PASS

It came to pass,
in the twilight of our days,
when the sun's weary gaze
clung to the horizon,
that humanity stood
at the crossroads of fate,
its veins coursing with the
tumult of centuries.

The winds whispered
secrets of desolation,
as if the very air bore
witness to our unraveling.
From the east,
the tempests of conflict swept,
their fury etching scars
upon the land and its people.

Eastern Europe,
once a quilt of nations,
now torn asunder
by ancient grievances,
the soil soaked with the blood
of forgotten battles,
and the ghosts of empires
haunting its hills.

Central Africa,
heart of the dark continent,
where rivers wept for lost tribes
and plundered riches,
the savannahs trembled
under the weight of sorrow,
and the lion's roar echoed
defiance against time.

Northern Africa,
where the sands shifted,
carrying memories of
pharaohs and nomads,
yet now choked
by the dust of intolerance,
as borders hardened
and hearts closed.

Latinoamerica,
land of passion and resilience,
its rainforests weeping
for the jaguar and quetzal,
while the cities pulsed
with the rhythm of survival,
and the people danced
between hope and despair.

And in the Middle East,
where ancient grudges smoldered,
the olive groves wept for peace,
their roots entwined,
yet the desert winds whispered
of strife and division,
as if the very dunes
conspired against harmony.

Israeli-Palestinian,
a tale of two hearts,
bound by history,
torn by ideology,
their tears
irrigating the arid soil,
where olive branches withered,
and walls rose.

In this decade of reckoning,
we faced our truth,
the climate shifting
like a wounded beast,
its wrath unbridled,
glaciers weeping,
and oceans swallowing
lands whole.

Economic migration,
a desperate exodus,
as families clung to hope
like shipwrecked sailors,
seeking refuge
in foreign lands,
their dreams carried
on tattered wings.

Political storms,
thundering across continents,
leaders rising and falling
like constellations,
their promises fading
into cosmic dust,
while the masses
yearned for stability.

And so, we stood
at the precipice,
our fragile world
gasping for breath,
equality of opportunity,
a distant star,
its light obscured
by the smoke of greed.

But hope lingered,
a stubborn ember,
bridging the gap
of inequality,
not through grand gestures
or symphonies,
but through the quiet
revolutions of the heart.

Democracy,
flawed and fragile,
yet our only beacon
in the gathering darkness,
the ballot box
a talisman against despair,
as we wove our fate
like spiders spinning silk.

And so, let this be a warning
etched in verse,
a plea to the winds
and the stones,
that we may rise above
our animal instincts,
and become stewards
of this wounded Eden.

For it came to pass,
and so it shall be,
that we are both architects
and destroyers,
our choices echoing
through time,
as the sun weeps
for what might have been.

ASÍ SUCEDIÓ

Así sucedió,
en el crepúsculo de nuestros días,
cuando la mirada fatigada del sol
se aferraba al horizonte,
que la humanidad se alzó
en la encrucijada del destino,
sus venas palpitando con el
tumulto de siglos.

Los vientos susurraron
secretos de desolación,
como si el mismo aire fuera
testigo de nuestra desintegración.
Desde el este,
las tempestades del conflicto barrieron,
su furia grabando cicatrices
sobre la tierra y su gente.

Europa del Este,
una vez colcha de naciones,
ahora desgarrada
por antiguas rencillas,
la tierra empapada con la sangre
de batallas olvidadas,
y los fantasmas de imperios
acechando sus colinas.

África Central,
corazón del continente oscuro,
donde los ríos lloraban por tribus perdidas
y riquezas saqueadas,
las sábanas temblaban
bajo el peso de la tristeza,
y el rugido del león resonaba
desafiante contra el tiempo.

África del Norte,
donde las arenas se desplazaban,
cargando memorias de faraones y nómadas,
pero ahora asfixiada
por el polvo de la intolerancia,
mientras las fronteras se endurecían
y los corazones se cerraban.

Latinoamérica,
tierra de pasión y resistencia,
sus selvas lloraban
por el jaguar y el quetzal,
mientras las ciudades latían
al ritmo de la supervivencia,
y la gente danzaba
entre la esperanza y la desesperación.

Y en Oriente Medio,
donde las viejas rencillas ardían,
los olivares lloraban por la paz,
sus raíces entrelazadas,
pero los vientos del desierto susurraban
de luchas y divisiones,
como si las dunas mismas
conspiraran contra la armonía.

Israelíes y palestinos,
un cuento de dos corazones,
unidos por la historia,
desgarrados por la ideología,
sus lágrimas
irrigando la tierra árida,
donde las ramas de olivo se marchitaban,
y los muros se alzaban.

En esta década de ajuste de cuentas,
enfrentamos nuestra verdad,
el clima cambiando
como una bestia herida,
su ira desatada,
glaciares llorando,
y océanos tragándose islas enteras.

Migración económica,
un éxodo desesperado,
mientras las familias se aferraban a la esperanza
como marineros naufragados,
buscando refugio
en tierras extranjeras,
sus sueños llevados
en alas desgarradas.

Tormentas políticas,
retumbando a través de continentes,
líderes que surgían y caían
como constelaciones,
sus promesas desvaneciéndose
en polvo cósmico,
mientras las masas
anhelaban estabilidad.

Y así, nos encontramos
al borde del precipicio,
nuestro frágil mundo
jadeando por aire,
la igualdad de oportunidades,
una estrella distante,
su luz oscurecida
por el humo de la avaricia.

Pero la esperanza persistía,
una brasa terca,
tendiendo puentes
sobre la desigualdad,
no a través de gestos grandiosos
o sinfonías,
sino a través de las revoluciones silenciosas
del corazón.

Democracia,
frágil y defectuosa,
aún nuestra única guía
en la oscuridad que se cierne,
la urna electoral
un talismán contra la desesperación,
mientras tejíamos nuestro destino
como arañas hilando seda.

Y así, que esto sea una advertencia
grabada en verso,
una súplica a los vientos
y las piedras,
para que nos elevemos por encima
de nuestros instintos animales,
y nos convirtamos en guardianes
de este Edén herido.

Porque así sucedió,
y así será,
somos arquitectos
y destructores,
nuestras elecciones resonando
a través del tiempo,
mientras el sol llora
por lo que pudo haber sido.

WHAT HAVE I BECOME

*"What have I become,
my sweetest friend?"* **- Nine Inch Nails**

What have I become,
    my sweetest friend?
A shattered echo,
    a silhouette
of one I once
    called kin.

The cruel hands of time,
    a sculptor
of remorse.
    I sail in shadows,
a spectre
    within my own discourse.

My sweetest friend,
    a ghost
in the mirror's gaze.
    Reflections distort,
the image
    of days gone by, better days.

Echos persist,
    whispers of regret.
In solitude,
    I question
what I cannot
    forget.

What have I become,
    my sweetest friend?
A mosaic
    of mistakes,
an endless
    tale.

¿QUÉ HE LLEGADO A SER…?

*"Qué he llegado a ser,
mi amigo más dulce?"* - **Nine Inch Nails**

Qué he llegado a ser,
mi amigo más dulce?
Un eco roto,
una silueta
de quien una vez
llamé pariente.

Las crueles manos del tiempo,
un escultor
del remordimiento.
Navego en sombras,
un espectro
dentro de mi propio discurso.

Mi amigo más dulce,
un fantasma
en la mirada del espejo.
Se distorsionan reflejos,
la imagen
de días idos, mejores.

Ecos persisten,
susurros de pesar.
En la soledad,
cuestiono
lo que no puedo
olvidar.

¿Qué he llegado a ser,
mi amigo más dulce?
Un mosaico
de errores,
un relato
sin fin.

A POET HAS DIED

A poet has died today
Verse by verse
Word by word
Death claimed him too young
Coming home from the school of life
Walking between rain drops
Witnessing the birth of a new star
Claiming a cloud and holding the rainbow
        In both hands
Not stopping the drip drip between fingers
Because you can't hold back the blood
Once the heart has been punctured
A poet has died today...
... somewhere...

UN POETA HA MUERTO

Un poeta ha muerto hoy
Verso a verso
Palabra por palabra
La muerte lo reclamó demasiado joven
Volviendo a casa de la escuela de la vida
Caminando entre gotas de lluvia
Presenciando el nacimiento de una nueva estrella
Reclamando una nube y sosteniendo el arcoíris
En ambas manos
Sin detener el goteo entre los dedos
Porque no puedes retener la sangre
Una vez que el corazón ha sido perforado
Un poeta ha muerto hoy…
… en algún lugar…

DAWN OF THE FUTURE

On the pages of tomorrow,
the scribble begins,
shadows of challenges
project within,
where the chrysalis
of hope flickers,
and echoes
of uncertainty whisper.

Climate changes
waltz on the horizon,
rising waves,
whispers of the wind,
the earth groans,
a subtle complaint,
as the future
takes its breath.

Migrations
in unknown patterns,
wandering footprints,
dissolved borders,
a symphony
of blended cultures,
where souls meet,
they do not sever.

Hunger scrutinizes
with sharpened fingers,
parched lands,
faded harvests,
fires of desperation
in stomachs,
a global lament,
wounded lives.

Economies collapsing
in a sad waltz,
ruins of systems,
trembling foundations,
the crucible
of money melting,
while the future
plays with blurred dice.

Nations in the sunset
of their existence,
fading flags
in the mist,
a global order
rising from the ashes,
the essence of humanity,
its new foam?

Equality breaking
its chains,
narrow gaps
disappearing,
a tighter
social fabric,
where justice
does not vanish.

Collapse
of old state structures,
governments fading
into the ether,
borders
are blurry lines,
an echo of humanity,
its new duty.

Earth,
witness to its wounds,
rivers weeping,
skies in mourning,
but in this twilight
of struggle,
the seed of renewal
is sown.

Renaissance
in human hands,
weaving a future
yet unnamed,
where unity
is the currency,
and hope,
the astonishing standard.

In this uncertain dawn
of what's to come,
history continues
to be written,
with ink
made of human courage,
in the book
of what is yet to happen.

AMANECER DEL FUTURO

En el lienzo del mañana,
la danza comienza,
sombras de desafíos
se proyectan,
donde la crisálida
de la esperanza titila,
y los ecos de la incertidumbre
susurran.

Cambios climáticos
danzan en el horizonte,
olas crecientes,
susurros del viento,
la tierra gime,
una queja sutil,
mientras el futuro
toma su aliento.

Migraciones en patrones
desconocidos,
huellas errantes,
fronteras disueltas,
una sinfonía de culturas
mezcladas,
donde las almas se encuentran,
no se sueltan.

El hambre escudriña
con dedos afilados,
tierras resecas,
cosechas desvanecidas,
fuegos de desesperación
en los estómagos,
un lamento global,
vidas heridas.

Economías desplomándose
en un vals triste,
ruinas de sistemas,
cimientos temblorosos,
el crisol del dinero
derritiéndose,
mientras el futuro juega
con dados borrosos.

Naciones en el ocaso
de su existencia,
banderas desvaneciéndose
en la bruma,
¿un orden global naciendo
de las cenizas?,
la esencia de la humanidad,
su nueva espuma?

La igualdad rompiendo
sus cadenas,
las brechas estrechas,
desaparecen,
un tejido social
más apretado,
donde la justicia
no se desvanece.

Colapso
de viejas estructuras estatales,
¿gobiernos desvaneciéndose
en el éter?,
las fronteras
son líneas borrosas,
un eco de la humanidad,
su nuevo deber.

La Tierra,
testigo de sus heridas,
ríos llorando,
cielos en duelo,
pero en este crepúsculo
de lucha,
la semilla de la renovación
se siembra.

Renacimiento
en manos humanas,
tejiendo un futuro
que aún se nombra,
donde la unidad
es la moneda,
y la esperanza,
el estandarte que asombra.

En este amanecer
incierto del porvenir,
la historia continúa
escribiéndose,
con tinta del coraje
humano,
en el libro de lo que está
por acontecer.

THE AMERICAS /
LAS AMERICAS

HUMAN ODYSSEY

In the dawn of prehistory,
shadows cast on ancient walls,
cave paintings whisper tales,
of nomads' wandering calls.

Fire's warmth, a primal dance,
echoes through the ages,
as humanity, a fledgling,
scribbles on nature's pages.

Nomadic footprints on the earth,
traversing landscapes wide,
hunter-gatherer's primal pulse,
in nature's cradle bide.

Agriculture's tender sprouts,
roots in fertile soil,
civilization's dawn appears,
from hardship, human toil.

City-states rise in the east,
Sumer's ziggurats aspire,
written cuneiform stories,
fan the flames of empire.

Pyramids pierce the desert sky,
Pharaohs command the Nile,
as kingdoms rise and fall,
history's labyrinths beguile.

Silk Road whispers tales,
trade winds carry dreams,
cross-cultural currents flow,
connecting distant streams.

Greeks gaze at starry skies,
philosophers' minds ignite,
wisdom sparks in ancient scrolls,
a beacon in the night.

Rome's legions march in stride,
conquering distant lands,
imposing order, Pax Romana,
crafted with iron hands.

Dark ages shroud the light,
Byzantium's flame flickers,
monasteries preserve knowledge,
in manuscripts, hope lingers.

Medieval tapestries weave,
feudal threads entwine,
knights' quest for chivalry,
as minstrels sing in rhyme.

Renaissance's Golden Dawn,
art and science intertwine,
Da Vinci's brush and ink,
unlock secrets divine.

Enlightenment's fervent flame,
reason's torch ablaze,
liberty and equality,
in an intellectual maze.

Industrial revolutions hum,
machinery's relentless whir,
forge a modern landscape,
where progress begins to stir.

Worlds entwine through cables,
telegraph sparks unite,
as steam turns to electricity,
the invention takes its flight.

Nations clash in world wars,
shadows darken the earth,
but from ashes rise resolve,
a phoenix's rebirth.

Civil rights' courageous march,
voices rise in chorus,
equality's unyielding arc,
a journey toward justice.

Digital age, a cybernetic dance,
bytes and pixels play,
virtual connections form,
in the web's intricate array.

Planetary challenges loom,
climate change's call,
as humanity faces its reflection,
on a fragile spinning ball.

From prehistoric whispers,
to the present's clamorous hum,
humanity's odyssey unfolds,
a symphony yet to be strum.

ODISEA HUMANA

En el alba de la prehistoria,
sombras proyectadas en muros antiguos,
pinturas en cuevas susurran cuentos,
llamados errantes de nómadas antiguos.

La calidez del fuego, un baile primitivo,
resuena a través de las edades,
mientras la humanidad, aún en pañales,
garabatea en las páginas de la naturaleza.

Huellas nómadas en la tierra,
atravesando paisajes amplios,
pulso primitivo de cazadores recolectores,
reposa en la cuna de la naturaleza.

El brote tierno de la agricultura,
raíces en suelo fértil,
el amanecer de la civilización emerge,
del trabajo humano, la labranza.

Ciudades-estado surgen en el este,
las zigurats de Sumer aspiran,
historias escritas en cuneiforme,
ventilan las llamas del imperio.

Las pirámides perforan el cielo del desierto,
los faraones mandan en el Nilo,
mientras los reinos suben y caen,
laberinto de la historia engatusa.

La Ruta de la Seda susurra cuentos,
vientos comerciales llevan sueños,
corrientes interculturales fluyen,
conectando corrientes distantes.

Los griegos miran a los cielos estrellados,
las mentes de los filósofos se encienden,
la sabiduría destella en antiguos pergaminos,
un faro en la noche.

Las legiones de Roma marchan en paso,
conquistando tierras lejanas,
imponiendo orden, Paz Romana,
forjado con manos de hierro.

Las edades oscuras cubren la luz,
la llama de Bizancio titubea,
los monasterios preservan el conocimiento,
en manuscritos, la esperanza perdura.

Tapices medievales tejen,
hilos feudales se entrelazan,
caballeros buscan la caballería,
mientras juglares cantan en rima.

El amanecer dorado del Renacimiento,
el arte y la ciencia se entrelazan,
el pincel y tinta de Da Vinci,
desbloquean secretos divinos.

La llama ferviente de la Ilustración,
la antorcha de la razón arde,
libertad e igualdad,
en el laberinto intelectual.

Las revoluciones industriales zumban,
el zumbido incesante de la maquinaria,
forja un paisaje moderno,
donde el progreso comienza a agitarse.

Los mundos se entrelazan a través de cables,
el telégrafo chispea y une,
a medida que el vapor se convierte en electricidad,
la invención toma vuelo.

Naciones chocan en guerras mundiales,
sombras oscurecen la tierra,
pero de las cenizas surge la resolución,
un renacer del fénix.

La marcha valiente de los derechos civiles,
las voces se alzan en coro,
el arco inquebrantable de la igualdad,
un viaje hacia la justicia.

La era digital, un baile cibernético,
bits y píxeles juegan,
las conexiones virtuales se forman,
en la intrincada red.

Desafíos planetarios acechan,
el llamado del cambio climático,
mientras la humanidad enfrenta su reflejo,
en una frágil esfera que gira.

Desde susurros prehistóricos,
hasta el clamoroso zumbido actual,
la odisea de la humanidad se desarrolla,
una sinfonía aún por tocar.

OUR AMERICA I

Part I

From the Northeast of Asia,
a whisper to the ice,
a tale of feet and frost,
a bridge of sacrifice.
Beringia beckons,
land of the midnight sun,
where mammoths roamed,
and human tales began.

Before the ice retreated,
before the Clovis name,
hominids in Siberia,
kindling the flame.
2.5 million years,
the march of time unfurled,
why restrict to North Asia?
They walked an ancient world.

Homo sapiens,
others of our kin,
crossed the frozen threshold,
a new world to win.
Clovis points in hand for sure
but earlier homidi most likely,
against the cold they stand,
in pursuit of dreams,
they walked the land.

Through Alaska's embrace,
to the wilds untamed,
a corridor of ice,
by glaciers framed.
Southward bound,
with stars as their guide,
past the giant bears,
where saber-tooths hide.

Giant sloths lumbering,
shadows in the mist,
mastodons trumpeting,
through the ice they twist.
A feast for the eyes,
a challenge for the spear,
in this land of giants,
humans persevere.

From the Yukon's chill
to the bison's roam,
to the Patagonian winds,
where condors call home.
Each step a story,
each breath a chance,
In the dance of discovery,
they joined the dance.

The Americas unfurled
like a canvas wide,
with every stride,
they painted their pride.
From the Arctic's silence
to the Amazon's song,
in this age of giants,
they found where they belong.

But let us not forget,
in this grand expanse,
the echoes of those
who led the advance.
For every human footprint
in the virgin snow,
a tale of survival,
an ancestral glow.

So here we stand,
on the shoulders of the past,
in the shadow
of the megafauna, vast.
We are the legacy
of an epic age,
chapters of life,
on history's page.

Time, a river flowing,
a relentless force,
guided their journey,
set their course.
From Siberian expanse
to Beringia's gate,
they moved, they thrived,
they tempted fate.

Before the Clovis,
before the known,
they ventured forth
into the unknown.
A testament to life's
unyielding quest,
in every heartbeat,
in every chest.

Why would they not cross,
why would they stay?
The world was theirs,
come what may.
Across millennia,
through ice and fire,
their legacy endures,
ever higher.

NUESTRA AMÉRICA I

Primera Parte

Desde el noreste de Asia,
un susurro al hielo,
un cuento de pies y escarcha,
un puente de sacrificio.
Beringia llama,
tierra del sol de medianoche,
donde los mamuts vagaban,
y las historias humanas comenzaron.

Antes de que el hielo se retirara,
antes del nombre Clovis,
homínidos en Siberia,
encendiendo la llama.
2.5 millones de años,
el desfile del tiempo se desplegó,
¿por qué limitarse a Asia del Norte?
Caminaron un mundo antiguo.

Homo sapiens,
quizás otros de nuestro linaje,
cruzaron el umbral congelado,
un nuevo mundo por ganar.
Puntas Clovis en mano seguro
pero homínidos anteriores probablemente,
contra el frío se mantienen,
en busca de sueños, caminaron la tierra.

A través del abrazo de Alaska,
hacia lo salvaje indomado,
un corredor de hielo,
por glaciares enmarcado.
Hacia el sur,
con estrellas como guía,
pasando osos gigantes,
donde los dientes de sable se esconden.

Perezosos gigantes tambaleándose,
sombras en la niebla,
mastodontes trompeteando,
a través del hielo se retuercen.
Un festín para los ojos,
un desafío para la lanza,
en esta tierra de gigantes,
los humanos perseveran.

Desde el frío de Yukón
hasta donde los bisontes vagan,
hasta los vientos patagónicos,
donde los cóndores llaman hogar.
Cada paso una historia,
cada aliento una oportunidad,
En el baile del descubrimiento,
se unieron al baile.

Las Américas se desplegaron
como un lienzo amplio,
con cada paso,
pintaron su orgullo.
Desde el silencio del Ártico
hasta la canción del Amazonas,
en esta era de gigantes,
encontraron a dónde pertenecen.

Pero no olvidemos,
en esta gran extensión,
los ecos de aquellos
que lideraron el avance.
Por cada huella humana
en la nieve virgen,
un cuento de supervivencia,
un resplandor ancestral.

Así que aquí estamos,
sobre los hombros del pasado,
en la sombra
de la megafauna, vasta.
Somos el legado
de una era épica,
Capítulos de la vida,
en la página de la historia.

El tiempo, un río que fluye,
una fuerza implacable,
guio su viaje,
estableció su rumbo.
Desde la extensión siberiana
hasta la puerta de Beringia,
se movieron, prosperaron,
tentaron al destino.

Antes de los Clovis,
antes de lo conocido,
se aventuraron
hacia lo desconocido.
Un testimonio de la
incesante búsqueda de la vida,
en cada latido,
en cada pecho.

¿Por qué no cruzarían,
por qué se quedarían?
El mundo era suyo,
pase lo que pase.
A través de milenios,
a través de hielo y fuego,
su legado perdura,
siempre más alto.

OUR AMERICA II

Part II

In the beginning,
there was no beginning,
only the silent song of stars,
and the land,
a landscape stretched unendingly,
bearing the footprints
of the first avatars.

From Beringia they came,
or so we are told,
nomads chasing mammoth herds
through the cold,
their stories etched in arrowheads,
no less,
a tale of survival,
brave and bold.

They spoke in tongues
that danced like firelight,
languages now lost,
echoes of a dream,
each tribe a universe,
a sacred rite,
a choir woven
from the land's own seam.

The Mound Builders
raised their earthen hands,
to touch the sky,
to honor sun and moon,
while in the Andes,
the ancient bands,
played flutes to
the mountains' silent tune.

Great cities rose,
Tenochtitlan in splendor,
Cahokia's mounds,
a Mississippi crown,
the Maya glyphs,
a script so tender,
a calendar of time
spiralling down.

The Inca roads
stitched the mountains' spine,
a network of stone,
of sweat,
of llama trails,
while to the north,
the Iroquois combine,
five nations under a peace
that prevails.

Corn, beans, squash
– the three sisters' dance,
agriculture's gentle,
nurturing hand,
feeding civilizations,
given the chance,
to grow,
to love,
to deeply understand.

The salmon runs,
the buffalo herds,
the caribou,
the condor's
wide-winged flight,
each animal, each plant,
unspoken words,
a covenant with the day,
a truce with the night.

But history is a river
with many bends,
and what we know
is but a drop in its flow,
the Indigenous peoples,
their means and ends,
a story deeper
than the colonists
would know.

So let us remember,
before the sails,
before the cross and
sword claimed their due,
the Americas
were not empty tales,
but worlds alive,
vibrant, and true.

This is their poem,
an ode to the past,
a whisper of the forests,
the deserts,
the seas,
for as long as the rivers
and mountains last,
so too will the spirit
of these histories.

NUESTRA AMÉRICA II

Segunda Parte

Al principio,
no había comienzo,
solo el canto silente de las estrellas,
y la tierra,
un paisaje extendido sin fin,
portando las huellas
de los primeros avatares.

Desde Beringia vinieron,
o eso nos han contado,
nómadas persiguiendo manadas de mamuts
a través del frío,
sus historias grabadas en puntas de flecha,
no menos,
un cuento de supervivencia,
valiente y audaz.

Hablaron en lenguas
que bailaban como luz de fuego,
idiomas ahora perdidos,
ecos de un sueño,
cada tribu un universo,
un rito sagrado,
un coro tejido
del propio entramado de la tierra.

Los Constructores de Montículos
alzaron sus manos de tierra,
para tocar el cielo,
para honrar al sol y la luna,
mientras en los Andes,
las bandas ancestrales,
tocaron flautas para
la muda melodía de las montañas.

Grandes ciudades surgieron,
Tenochtitlán en esplendor,
los montículos de Cahokia,
una corona del Mississippi,
los glifos mayas,
un guion tan tierno,
un calendario del tiempo
girando hacia abajo.

Los caminos incas
cosieron la columna de las montañas,
una red de piedra,
de sudor,
de senderos de llamas,
mientras al norte,
los iroqueses combinan,
cinco naciones bajo una paz
que prevalece.

Maíz, frijoles, calabaza
– el baile de las tres hermanas,
la mano gentil de la agricultura,
nutriendo,
alimentando civilizaciones,
dada la oportunidad,
de crecer,
de amar,
de entender profundamente.

Las corridas de salmones,
las manadas de búfalos,
los caribús,
el vuelo
amplio de alas del cóndor,
cada animal, cada planta,
palabras no dichas,
un pacto con el día,
una tregua con la noche.

Pero la historia es un río
con muchos giros,
y lo que sabemos
es solo una gota en su fluir,
los pueblos indígenas,
sus medios y fines,
una historia más profunda
de lo que los colonos
podrían saber.

Así que recordemos,
antes de las velas,
antes de que la cruz y
la espada reclamara lo suyo,
Las Américas
no eran cuentos vacíos,
sino mundos vivos,
vibrantes y verdaderos.

Este es su poema,
una oda al pasado,
un susurro de los bosques,
los desiertos,
los mares,
mientras los ríos
y las montañas perduren,
también lo hará el espíritu
de estas historias.

OUR AMERICA III

Part III

In the land's embrace,
strangers arrive,
their ships like hungry beasts,
ready to thrive.
They bring with them
a foreign tongue,
heir sails unfurled,
their presence stung.

The Indigenous gaze
meets the foreign eyes,
suspicion lingers,
beneath clear skies.
The Europeans' touch,
like a wildfire's spark,
ignites a blaze across the land,
leaving a mark.

Their steel cuts through
the forest's heart,
their footsteps echo,
tearing apart.
The delicate balance,
the sacred ground,
leaving scars where
harmony once was found.

The clash of cultures,
like thunder's roar,
leaves devastation
along the shore.
The newcomers' hunger
knows no bounds,
as they claim the land,
with deafening sounds.

The Indigenous people,
like shadows cast,
watch as their world fades
into the past.
Their traditions,
their way of life,
trampled beneath
the weight of strife.

The Europeans bring disease
and death,
their conquest fueled
by greed and breath.
The rivers run red with
blood and tears,
as the echoes of the past
ring in their ears.

The encounter between worlds,
a clash profound,
leaves scars upon the earth,
deep and round.
The Indigenous peoples,
resilient and strong,
fight to preserve
what has belonged.

But the tide of change
sweeps across the land,
as the Europeans' grip tightens,
like shifting sand.
Their legacy,
a legacy of pain,
echoes through the Americas,
like a haunting refrain.

NUESTRA AMÉRICA III

Tercera Parte

En el abrazo de la tierra,
llegan extraños,
sus barcos como bestias hambrientas,
listos para prosperar.
Traen consigo
una lengua extranjera,
sus velas desplegadas,
su presencia punzante.

La mirada indígena
se encuentra con los ojos extranjeros,
la sospecha persiste,
bajo cielos despejados.
El toque de los europeos,
como la chispa de un incendio,
enciende una llama a lo largo de la tierra,
dejando una marca.

Su acero atraviesa
el corazón del bosque,
sus pasos eco,
destrozando.
El delicado equilibrio,
el suelo sagrado,
dejando cicatrices donde
una vez se encontraba la armonía.

El choque de culturas,
como el rugido del trueno,
deja devastación
a lo largo de la costa.
El hambre de los recién llegados
no conoce límites,
mientras reclaman la tierra,
con sonidos ensordecedores.

Los pueblos indígenas,
como sombras proyectadas,
observan cómo su mundo desaparece
en el pasado.
Sus tradiciones,
su forma de vida,
pisoteadas bajo
el peso de la lucha.

Los europeos traen enfermedad
y muerte,
su conquista alimentada
por la codicia y el aliento.
Los ríos corren rojos con
sangre y lágrimas,
mientras los ecos del pasado
resuenan en sus oídos.

El encuentro entre mundos,
un choque profundo,
deja cicatrices en la tierra,
profundas y redondas.
Los pueblos indígenas,
resilientes y fuertes,
luchan por preservar
lo que les ha pertenecido.

Pero la marea del cambio
barre la tierra,
mientras el agarre de los europeos se aprieta,
como la arena que se desplaza.
Su legado,
un legado de dolor,
resuena en las Américas,
como un estribillo inquietante.

OUR AMERICA IV

Part IV

The Aztec temples,
once towering high,
now lay in ruins,
beneath the sky.
Their empire shattered,
their gods defamed,
their people conquered,
their spirit tamed.

The Inca's golden cities,
gleaming bright,
now stripped of riches,
lost in the night.
Their sacred sites,
desecrated and bare,
their glory faded,
beyond repair.

The Maya's jungle kingdoms,
hidden away,
now exposed
to the light of day.
Their glyphs silenced,
their stories untold,
their culture fading,
as the years unfold.

The Cherokee,
the Sioux,
the Navajo,
their lands divided,
their spirit low.
Forced onto reservations,
stripped of pride,
their way of life,
cast aside.

The impact reverberates,
across the land,
as Indigenous peoples
make their stand.
Their resilience,
their strength,
their will to survive,
a testament
to the human spirit alive.

Though the scars remain,
deep and wide,
the Indigenous peoples
stand with pride.
Their culture,
their heritage,
their identity,
a beacon of hope
for all eternity.

NUESTRA AMÉRICA IV

Cuarta Parte

Los templos aztecas,
una vez altos y majestuosos,
ahora yacen en ruinas,
bajo el cielo.
Su imperio destrozado,
sus dioses difamados,
su pueblo conquistado,
su espíritu domado.

Las ciudades doradas de los incas,
antes brillantes y relucientes,
ahora despojadas de riquezas,
perdidas en la noche.
Sus sitios sagrados,
profanados y desiertos,
su gloria desvanecida,
más allá de toda reparación.

Los reinos mayas en la jungla,
escondidos,
ahora expuestos
a la luz del día.
Sus glifos silenciados,
sus historias no contadas,
su cultura desvaneciéndose,
con el paso de los años.

Los cherokees,
los sioux,
los navajos,
sus tierras divididas,
su espíritu bajo.
Forzados a reservaciones,
despojados de orgullo,
su forma de vida,
descartada.

El impacto resuena,
a lo largo de la tierra,
mientras los pueblos indígenas
hacen su stand.
Su resistencia,
su fuerza,
su voluntad de sobrevivir,
un testimonio
del espíritu humano vivo.

Aunque las cicatrices permanecen,
profundas y anchas,
los pueblos indígenas
se mantienen con orgullo.
Su cultura,
su herencia,
su identidad,
un faro de esperanza
por toda la eternidad.

OUR AMERICA V

Part V

The conquest's aftermath,
colonization's reign,
brought new rulers
with their own domain.
European powers,
hungry for gold,
claimed new territories,
stories yet untold.

The Spanish,
the Portuguese,
the French, and more,
spread their influence
from shore to shore.
Colonial empires,
vast and grand,
built on the backs
of Indigenous land.

Encomienda,
hacienda,
plantation fields,
extracting wealth,
the earth it yields.
Forced labor,
exploitation's toll,
enslaving peoples,
body and soul.

The land was carved,
divided, and sold,
for promises of riches,
power untold.
But beneath the surface,
a darker truth,
the cost of conquest,
the price of youth.

The Indigenous peoples,
displaced and oppressed,
struggled to survive
in a world distressed.
Their lands stolen,
their cultures erased,
their history rewritten,
their voices displaced.

But amidst the chaos,
resistance grew,
as Indigenous leaders
fought for what was true.
Rebellions, uprisings,
wars of liberation,
against colonial powers,
a fight for salvation.

From the Andes
to the Amazon's flow,
from the plains of North America
to Mexico's plateau,
Indigenous peoples rose,
united and strong,
to reclaim their rights,
to right the wrong.

Though colonization left scars
deep and wide,
the spirit of resilience
never died.
For in the face of adversity,
they stood tall,
the Indigenous peoples,
one and all.

NUESTRA AMÉRICA V

Quinta Parte

Tras la conquista,
reinó la colonización,
nuevos gobernantes llegaron
con su propia nación.
Potencias europeas,
sedientas de oro,
reclamaron nuevos territorios,
historias aún no contadas.

Los españoles,
los portugueses,
los franceses, y más,
expandieron su influencia
de costa a costa.
Imperios coloniales,
vastos y grandiosos,
construidos sobre los lomos
de tierras indígenas.

Encomienda,
hacienda,
campos de plantación,
extrayendo riquezas,
la tierra produce.
Trabajo forzado,
el precio de la explotación,
esclavizando pueblos,
cuerpo y alma.

La tierra fue tallada,
dividida y vendida,
por promesas de riquezas,
poder sin medida.
Pero bajo la superficie,
una verdad más oscura,
el costo de la conquista,
el precio de la juventud.

Los pueblos indígenas,
desplazados y oprimidos,
lucharon por sobrevivir
en un mundo angustiado.
Sus tierras robadas,
sus culturas borradas,
su historia reescrita,
sus voces desplazadas.

Pero en medio del caos,
la resistencia creció,
mientras líderes indígenas
luchaban por lo verdadero.
Rebeliones, levantamientos,
guerras de liberación,
contra poderes coloniales,
una lucha por la salvación.

Desde los Andes
hasta el flujo del Amazonas,
desde las llanuras de América del Norte
hasta el altiplano mexicano,
los pueblos Indígenas se alzaron,
unidos y fuertes,
para reclamar sus derechos,
para corregir la injusticia.

Aunque la colonización dejó cicatrices
profundas y anchas,
el espíritu de resistencia
nunca murió.
Porque ante la adversidad,
se mantuvieron firmes,
los pueblos indígenas,
uno y todos.

OUR AMERICA VI

Part VI

Late-stage colonization
saw the rise,
of new ideologies,
new battles,
new cries.
Enlightenment ideals,
revolutions' call,
echoed through the Americas,
breaking colonial walls.

Independence movements,
a fervent flame,
swept across the lands,
no one could tame.
From Haiti's rebellion
to Bolivar's quest,
the struggle for freedom
put to the test.

But amidst the triumphs,
a bitter truth,
independence brought little respite,
forsooth.
New rulers emerged,
yet oppression remained,
as Indigenous and Black
lives were still chained.

The legacy of colonization,
deep and grim,
cast a shadow over lands
once free to swim.
Forced labor persisted,
exploitation thrived,
as new powers sought
to divide and derive.

The Indigenous peoples,
marginalized and scorned,
found themselves once more
dispossessed and mourned.
Their lands usurped,
their cultures suppressed,
their rights denied,
their dignity stressed.

And for the Black enslaved,
the plight was dire,
forced into bondage,
condemned to toil in fire.
Plantations flourished,
fueled by their sweat,
their humanity denied,
their freedom a debt.

But resistance persisted,
in myriad forms,
from rebellions to revolts,
through thunderstorms.
Leaders appeared,
voices raised in dissent,
fighting for justice,
for rights heaven-sent.

From the mountains to the coast,
the cry was clear,
freedom for all,
without distinction or fear.
The struggle continued,
against all odds,
for equality, justice,
and the rights of the gods.

NUESTRA AMÉRICA VI

Sexta Parte

En la colonización tardía
se vio el surgimiento,
de nuevas ideologías,
nuevas batallas,
nuevos clamores.
Los ideales de la Ilustración,
el llamado de las revoluciones,
resonaron en las Américas,
rompiendo muros coloniales.

Movimientos de independencia,
una llama ferviente,
barrieron por las tierras,
nadie pudo domar.
Desde la rebelión de Haití
hasta la búsqueda de Bolívar,
la lucha por la libertad
puesta a prueba.

Pero en medio de los triunfos,
una verdad amarga,
la independencia trajo poco alivio,
en verdad.
Nuevos gobernantes surgieron,
pero la opresión permaneció,
mientras que las vidas indígenas
y negras seguían encadenadas.

El legado de la colonización,
profundo y sombrío,
arrojó una sombra sobre tierras
una vez libres de nadar.
El trabajo forzado persistió,
la explotación prosperó,
mientras que nuevos poderes buscaron
dividir y derivar.

Los pueblos indígenas,
marginados y despreciados,
se encontraron una vez más
desposeídos y lamentados.
Sus tierras usurpadas,
sus culturas suprimidas,
sus derechos negados,
su dignidad estresada.

Y para los negros esclavizados,
la situación era grave,
forzados a la esclavitud,
condenados a trabajar en el fuego.
Las plantaciones florecieron,
alimentadas por su sudor,
su humanidad negada,
su libertad una deuda.

Pero la resistencia persistió,
en múltiples formas,
desde rebeliones hasta revueltas,
a través de tormentas.
Líderes surgieron,
voces alzadas en disidencia,
luchando por la justicia,
por los derechos enviados del cielo.

Desde las montañas hasta la costa,
el clamor fue claro,
libertad para todos,
sin distinción ni miedo.
La lucha continuó,
contra todo pronóstico,
por la igualdad, la justicia,
y los derechos de los dioses.

OUR AMERICA VII

Part VII

After independence,
the landscape rearranged,
but for Indigenous peoples,
little changed.
New republics formed,
but old wounds remained,
as power shifted hands,
their voices constrained.

In South America,
the struggles grew,
as nations forged their paths,
the Indigenous few
fought to reclaim their lands,
their rights, their pride,
standing tall against
a rising colonial tide.

In the Andes,
the Quechua and Aymara still,
preserved their cultures,
atop mountains' chill.
While in the Amazon,
the tribes did thrive,
guardians of the forest,
keeping traditions alive.

But most striking,
in Chile's south,
the Mapuche people,
with an unwavering spirit,
refused to yield to Spanish might,
maintaining their freedom,
their culture,
their right.

Through wars and treaties,
they stood strong,
defending their lands
against all wrong.
Their resistance a beacon,
their spirit, unbroken,
in the face of oppression,
their courage outspoken.

In Peru and Bolivia,
the struggle continued,
as Indigenous peoples fought,
undeterred, imbued
with a fierce determination
to reclaim their place,
in a world that sought
to erase their face.

Though the challenges were many,
the battles uphill,
the Indigenous peoples
persisted still,
their resilience a testament
to the human spirit,
their voices a reminder,
we must hear it.

For in their struggle
lies a lesson profound,
that justice and freedom
must be found,
for all peoples,
regardless of race or creed,
in the Americas,
where they plant their seed.

NUESTRA AMÉRICA VII

Séptima Parte

Tras la independencia,
el paisaje reorganizado,
pero para los pueblos indígenas,
poco cambió.
Nuevas repúblicas se formaron,
pero viejas heridas permanecieron,
mientras el poder cambiaba de manos,
sus voces restringidas.

En Sudamérica,
las luchas crecieron,
mientras las naciones forjaban su camino,
los pocos indígenas
luchaban por recuperar sus tierras,
sus derechos, su orgullo,
manteniéndose firmes contra
una creciente marea colonial.

En los Andes,
los quechua y Aimara aún,
preservaban sus culturas,
en la cima del frío de las montañas.
Mientras en el Amazonas,
las tribus prosperaban,
guardianes del bosque,
manteniendo vivas las tradiciones.

Pero quizás lo más llamativo,
en el sur de Chile,
el pueblo Mapuche,
con espíritu inquebrantable,
se negó a ceder ante el poder español,
manteniendo su libertad,
su cultura,
su derecho.

A través de guerras y tratados,
se mantuvieron firmes,
defendiendo sus tierras
contra todo mal.
Su resistencia un faro,
su espíritu, inquebrantable,
frente a la opresión,
su valentía expresada.

En Perú y Bolivia,
la lucha continuaba,
mientras los pueblos indígenas luchaban,
inquebrantables, imbuidos
de una feroz determinación
por reclamar su lugar,
en un mundo que intentaba
borrar su rostro.

Aunque los desafíos eran muchos,
las batallas cuestan arriba,
los pueblos indígenas
persistían aún,
su resistencia un testimonio
del espíritu humano,
sus voces un recordatorio,
que debemos escucharlas.

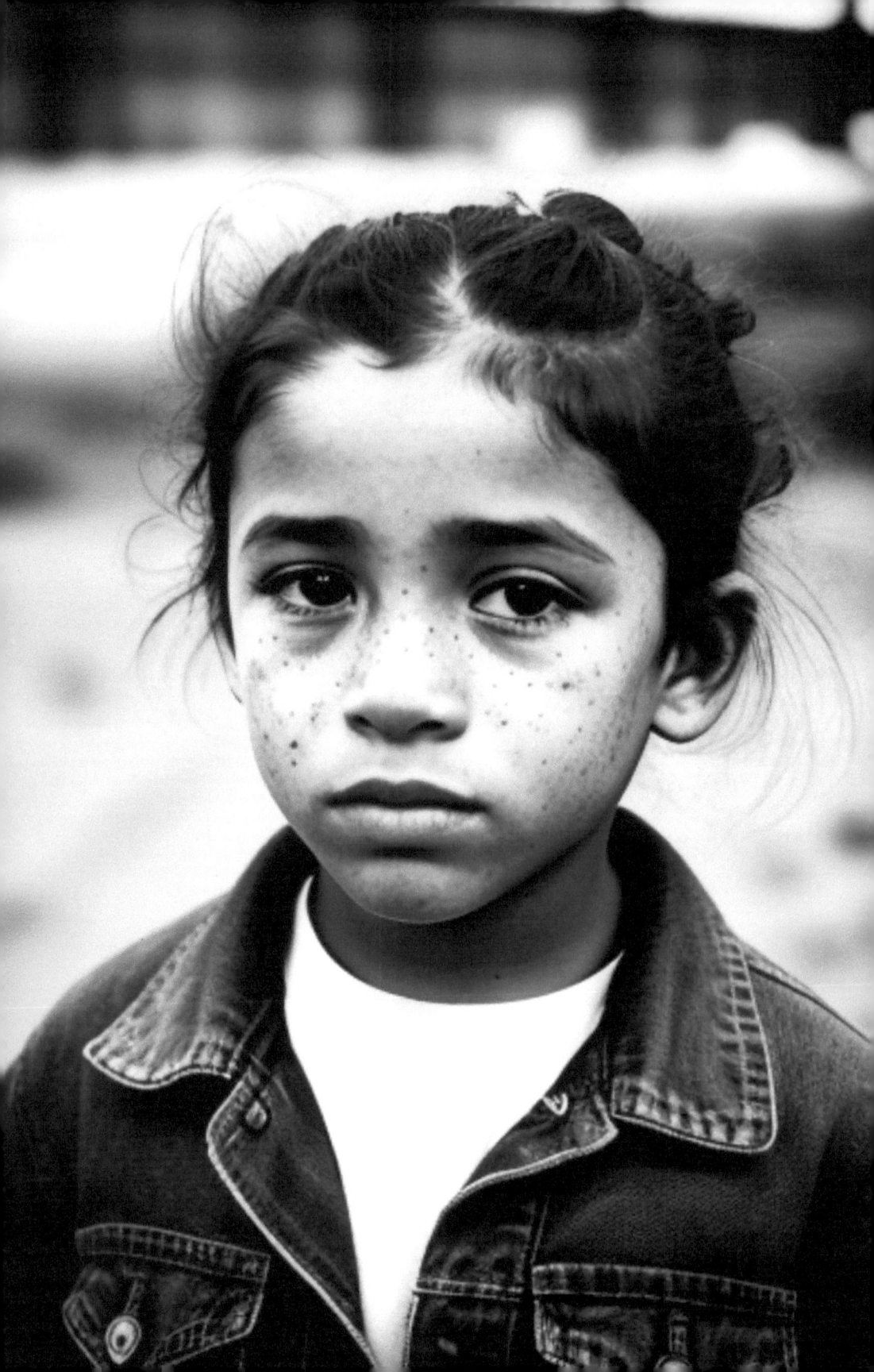

FAREWELL TO TYRANTS

Part I

Farewell to want to be tyrants,
with their crowns of hollow gold,
their scepters made of whispers,
and hearts that never hold.

They march upon a road of bones,
with steps that quake the sky,
but every despot's journey ends,
and so too shall their lie.

For freedom's song is catching wind,
a melody that soars,
it breaks the chains, it heals the pain,
and opens new doors.

So let the tyrants hear it well,
the anthem of the free,
their time is done, the people rise,
like waves upon the sea.

Farewell to want to be kings,
their thrones are set to fall,
for every soul that yearns to breathe,
will answer freedom's call.

Part II

Beneath the moon's unyielding gaze,
where shadows dance with ghostly grace,
the tyrants' dreams, like ash, disperse,
to join the void of the universe.

In silence deep, the night replies,
with stars that laugh in cold disguise,
for every crown that falls to rust,
returns to earth, as all things must.

The echo of their hollow reign,
is drowned by time's relentless train,
for history's pages turn and tear,
and leave but whispers in the air.

Yet from the dark, hope is born,
a spark that kindles hearts forlorn,
it speaks of power truly found,
in bonds of kinship, tightly wound.

Farewell to want to be lords,
their empires built on empty words,
for truth is mightier than the sword,
and will not kneel, nor be ignored.

So let the night reclaim its throne,
and turn each gilded lie to stone,
for, in the end, it's clear to see,
the only sovereign is the free.

PART III

But hark! A twist in tales untold,
where darkness weaves its threads of gold,
the tyrants, thought forever gone,
whisper still, in the shadow's dawn.

For power's lure is an ancient song,
that calls to those who feel they belong,
to rule the night, to claim the day,
in the hearts of men, these echoes stay.

The free may rise, the free may roar,
but on the fringe, the shadows pour,
a truth that's known since time's first light,
the struggle between wrong and right.

So, listen close, for the twist is here,
the line 'tween freedom and fear,
is drawn not in the sand or stone,
but in the flesh, in the bone.

For every tyrant cast away,
in dreams of the night, in thoughts of the day,
becomes the lesson we must learn,
that freedom's fire will always burn.

Yet, be not fooled by freedom's face,
for in its name, some seek their place,
to be the tyrants of the new age,
and turn a new, history's page.

Farewell to want to be gods,
their edicts flawed, their laws at odds,
for every end is a start anew,
and in the twist, we find what's true.

PART IV

In the wake of the tyrants' fall,
a hush descends upon all,
the aftermath,
a canvas wide,
where once their iron wills did bide.
The chains that clanked with every breath,
now lie silent,
still in death.

In the wake of the tyrants' fall,
a hush descends upon all, the aftermath,
a canvas wide,
where once their iron wills did bide.
The chains that clanked with every breath,
now lie silent, still in death.

The squares, once filled with fear's parade,
now host the dance of masquerade,
where children's laughter rings, unbound,
and the music swells in joyful sound.
The walls that echoed stern decrees,
now bear the art of those set free.

In taverns, tales are told anew,
of how the mighty fell and flew,
into the annals of the past,
their shadows long, but never last.
The heroes rise from common stock,
their names are now etched in history's rock.

Yet, in the quiet of the night,
when stars are bold and the moon is bright,
the wise reflect on power's cost,
on all that's gained and all that's lost.
For though the tyrants' reign did end,
the path ahead has yet to mend.

The aftermath is not just peace,
but a chance for souls to find release,
from cycles old of pain and strife,
to forge ahead and create new life.
So let the story not forget,
the dawn that rose from darkness' set.

PART V

And so, the tale finds gentle close,
with hope that like a river flows,
through hearts once darkened by the night,
now brimming with the dawn's first light.
The tyrants' fall, a distant cry,
as forward moves the time swiftly flies.

The world, reborn from ash and pain,
finds strength in love and truth's domain,
where every soul can truly be,
a part of vast humanity.
The future calls, for a canvas clear,
for dreams to grow without fear.

So let the bells of freedom ring,
in every valley, on every wing,
for hope is like the endless sea,
vast and deep, for you and me.
It whispers of a brighter day,
when all can walk their true way.

In unity, the people stand,
with an open heart and a helping hand,
the hopeful note is sung aloud,
a chorus strong, a promise vowed.
To build a world that's just and right,
a beacon of enduring light.

DESPEDIDA A LOS TIRANOS

PARTE I

Adiós a los tiranos que aspiran,
con sus coronas de oro hueco,
sus cetros hechos de susurros,
y corazones que nunca retienen.

Marchan sobre un camino de huesos,
con pasos que hacen temblar el cielo,
pero el viaje de cada déspota termina,
y también lo hará su mentira.

Pues la canción de la libertad está tomando vuelo,
una melodía que se eleva,
rompe las cadenas, sana el dolor,
y abre nuevas puertas.

Que los tiranos la escuchen bien,
el himno de los libres,
su tiempo ha terminado, el pueblo se levanta,
como olas sobre el mar.

Adiós a los reyes que aspiran,
sus tronos están destinados a caer,
pues cada alma que anhela respirar,
responderá al llamado de la libertad.

PARTE II

Bajo la mirada implacable de la luna,
donde las sombras bailan con gracia fantasmal,
los sueños de los tiranos, como ceniza, se dispersan,
para unirse al vacío del universo.

En el silencio profundo, la noche responde,
con estrellas que ríen en frío disfraz,
pues cada corona que se oxida,
regresa a la tierra, como todo debe hacerlo.

El eco de su reinado hueco,
se ahoga en el tren implacable del tiempo,
pues las páginas de la historia giran y se rasgan,
y dejan solo susurros en el aire.

Sin embargo, de la oscuridad, nace una esperanza,
una chispa que enciende corazones desolados,
habla de un poder verdaderamente encontrado,
en lazos de parentesco, firmemente unidos.

Adiós a los señores que aspiran,
sus imperios construidos sobre palabras vacías,
pues la verdad es más poderosa que la espada,
y no se arrodillará, ni será ignorada.

Que la noche reclame su trono,
y convierta cada mentira dorada en piedra,
pues al final, está claro ver,
que el único soberano es el libre.

PARTE III

¡Pero escucha! Un giro en cuentos no contados,
donde la oscuridad teje sus hilos de oro,
los tiranos, pensados para siempre desaparecidos,
aún susurran, en el amanecer de la sombra.

Pues el atractivo del poder es una canción antigua,
que llama a aquellos que sienten que pertenecen,
a gobernar la noche, a reclamar el día,
en los corazones de los hombres, estos ecos permanecen.

Los libres pueden levantarse, los libres pueden rugir,
pero en la periferia, las sombras se derraman,
una verdad conocida desde la primera luz del tiempo,
la lucha entre el bien y el mal.

Así que escucha de cerca, pues el giro está aquí,
la línea entre la libertad y el miedo,
no está dibujada en la arena o la piedra,
sino en la carne, en el hueso.

Pues cada tirano desterrado,
en sueños de noche, en pensamientos de día,
se convierte en la lección que debemos aprender,
que el fuego de la libertad siempre arderá.

Sin embargo, no te dejes engañar por la cara de la libertad,
pues en su nombre, algunos buscan su lugar,
para ser los tiranos de una nueva era,
y volver a escribir la página de la historia.

Adiós a los dioses que aspiran,
sus edictos defectuosos, sus leyes en desacuerdo,
pues cada final es un comienzo nuevo,
y en el giro, encontramos lo que es verdadero.

PARTE IV

En la estela de la caída de los tiranos,
un silencio desciende sobre todos,
las secuelas,
un lienzo amplio,
donde una vez residió su voluntad de hierro.
Las cadenas que tintineaban con cada aliento,
ahora yacen silenciosas,
inmóviles en la muerte.

Las plazas,
una vez llenas del desfile del miedo,
ahora albergan la danza del disfraz,
donde la risa de los niños resuena,
libre, y la música se hincha en sonido alegre.
Las paredes que resonaban decretos severos,
ahora llevan el arte de los liberados.

Los mercados zumban con comercio renovado,
mientras el comercio fluye sin la sombra,
de impuestos pesados, crueles y vanos,
que una vez cayeron como lluvia amarga.
Los campos, una vez estériles, quemados por el desprecio,
ahora producen una cosecha, pura y brillante.

En las tabernas, se cuentan historias nuevas,
de cómo los poderosos cayeron y volaron,
hacia los anales del pasado,
sus sombras largas, pero nunca duraderas.
Los héroes se levantan del común,
sus nombres ahora grabados en la roca de la historia.

Sin embargo, en la quietud de la noche,
cuando las estrellas son audaces y la luna es brillante,
los sabios reflexionan sobre el costo del poder,
sobre todo lo ganado y todo lo perdido.
Pues, aunque el reinado de los tiranos ha terminado,
el camino por delante aún está por reparar.

Las secuelas no son solo paz,
sino una oportunidad para que las almas encuentren liberación,
de ciclos antiguos de dolor y lucha,
para avanzar, crear una vida nueva.
Así que no olvidemos la historia,
el amanecer que surgió de la oscuridad establecida.

PARTE V

Y así la historia encuentra un cierre suave,
con esperanza que como un río fluye,
a través de corazones una vez oscurecidos por la noche,
ahora rebosantes con la primera luz del amanecer.
La caída de los tiranos, un grito lejano,
mientras hacia adelante se mueve el vuelo rápido del tiempo.

El mundo, renacido de cenizas y dolor,
encuentra fuerza en el dominio del amor y la verdad,
donde cada alma puede verdaderamente ser,
una parte de la vasta humanidad.
El futuro llama, un lienzo claro,
para que los sueños crezcan sin el miedo.

Que las campanas de la libertad suenen,
en cada valle, en cada ala,
pues la esperanza es como el mar sin fin,
vasto y profundo, para ti y para mí.
Susurra de un día más brillante,
cuando todos puedan caminar su propio camino verdadero.

En unidad, la gente se mantiene,
con corazón abierto y mano amiga,
la nota esperanzadora se canta en voz alta,
un coro fuerte, una promesa jurada.
Para construir un mundo que es justo y correcto,
un faro de luz perdurable.

 At the cusp of Spring,
our spirit was terrorized,
as we played marbles
in the streets
and ride cycles
to the abyss.

Innocence,
like marbles
on the ground,
scattered, lost,
a world unbound,
the morning sun
turned dark and gray,
a day the world
would remember,
come what may.

Skies once clear
now veiled in smoke,
amidst the chaos,
hearts awoke,
heroes rose
to face the dread,
with courage,
honor,
tears they shed.

Families shattered,
lives were torn,
on that fateful
September morn,
a wound so deep,
a nation's cry,
as we watched those towers
touch the sky.

But in the face
of such despair,
we found a strength
beyond compare,
a unity,
a nation's grace,
as we embraced
in the darkest place.

9/11

Al borde de la primavera,
nuestro espíritu fue aterrorizado,
mientras jugábamos canicas en las calles
y montábamos bicicletas hacia el abismo.

Inocencia, como canicas en el suelo,
dispersas, perdidas,
un mundo sin límites,
el sol de la mañana
se volvió oscuro y gris,
un día que el mundo recordaría,
pase lo que pase.

Cielos una vez claros
ahora velados en humo,
en medio del caos,
los corazones despertaron,
héroes se levantaron
para enfrentar el terror,
con coraje, honor,
lágrimas que derramaron.

Familias destrozadas,
vidas desgarradas,
en esa fatídica mañana
de septiembre,
una herida tan profunda,
el grito de una nación,
mientras veíamos
esas torres tocar el cielo.

Pero frente a tal desesperación,
encontramos una fuerza sin igual,
una unidad, la gracia de una nación,
mientras nos abrazábamos
en el lugar más oscuro.

THE LITTLE THINGS / LAS PEQUEÑAS COSAS

AFTER A SPRING MORNING RAIN

Raindrops kiss the earth,
cleansing the air, nourishing,
birds awaken, sing,
their melodies dance with joy,
in the dawn of a new day.

Rain-washed leaves glisten,
nature's orchestra in tune,
each note a promise,
of renewal and rebirth,
in the embrace of the dawn.

Petrichor fills the air,
a symphony of scents rises,
floral melodies,
blend with avian choruses,
in nature's grand concerto.

Misty morning haze,
lingering whispers of rain,
birds greet the sunrise,
their songs paint the sky with hope,
echoes of life's vibrant pulse.

Dew-kissed blossoms bloom,
sipping from the morning dew,
birds serenade them,
their melodies a sweet gift,
to the awakening world.

Emerald leaves shimmer,
underneath the morning sun,
birds flit and flutter,
their wings a blur of colour,
against the canvas of dawn.

A choir of voices,
rising in the early light,
birds proclaim the day,
their songs are a celebration,
of nature's endless cycle.

Crystal-clear droplets,
adorn each blade of grass,
birds join in the chorus,
their melodies are pure and bright,
welcoming the new day's light.

Rivers flow with life,
reflecting the azure sky,
birds soar overhead,
their songs a lullaby,
to the world awakening.

In the stillness of dawn,
nature's beauty unfolds,
birds sing their praises,
their voices a testament,
to the wonders of the earth.

LLUVIAS EN EL AMANECER PRIMAVERAL

Después de la lluvia,
gotas besan la tierra,
aire purificado,
pájaros despiertan, cantan,
en el amanecer.

Hojas, brillantes, lavadas,
orquesta natural en sintonía,
promesa de renacer,
en el abrazo del alba,
renovación y esperanza.

Petricor llena el aire,
sinfonía de aromas eleva,
melodías florales,
se mezclan con coros aviares,
en el concierto grandioso.

Niebla matutina,
susurros de la lluvia,
pájaros saludan al sol,
sus cantos pintan el cielo,
eco del pulso vital.

Flores, rocío beben,
besos matutinos del rocío,
pájaros las serenatas,
regalo dulce su canto,
al mundo despertar.

IVAN A SALAZAR M © 2024

Hojas, esmeralda, brillan,
bajo el sol matinal,
pájaros revolotean,
sus alas un torbellino,
en el lienzo del alba.

Coro de voces,
elevándose en la luz temprana,
pájaros anuncian el día,
sus cantos celebran,
el ciclo sin fin de la naturaleza.

Gotas cristalinas,
adornan cada brizna,
pájaros en coro se unen,
melodías puras y brillantes,
dando la bienvenida a la luz del nuevo día.

Ríos fluyen con vida,
reflejando el cielo azul,
pájaros surcan el cielo,
su canto una canción de cuna,
al mundo despertar.

En la quietud del alba,
belleza natural se despliega,
pájaros cantan loas,
su voz un testimonio,
a las maravillas de la tierra.

THE LITTLE THINGS IN LIFE

Part I

The little things
in life,
like the silent hum
of a bee,
or the soft glow
of morning light,
seeping through a crack
in the blinds.

A cup of coffee,
rich and warm,
the laughter of children
at play,
pages turning
in a well-loved book,
moments that embroider
our everyday.

The scent of rain
on dry earth,
a melody that stirs
the soul,
the weightless dance
of a falling leaf,
in these,
we find life's truest role.

Mismatched socks
under the bed,
a smile from a stranger,
kind and brief,
the comfort of an old,
worn sweater,
in simplicity,
we find relief.

Life's not
in the grand parade,
but in the whispers,
soft and slight,
in every small,
unnoticed thing,
there lies the beauty
of our plight.

Part II

The little things
in family life,
a shared glance,
a knowing nod,
the warmth of hands
clasped tight,
stories retold,
laughter shared,
bonds tight.

In gatherings,
it's the subtle art,
of listening,
of being heard,
the clinking glasses,
the quiet support,
in every gesture,
love is the word.

In creation,
it's the brush's stroke,
the potter's clay,
the writer's trope,
the joy of making
something new,
a testament to what
hands can do.

And in conversation,
it's the pause,
the thoughtful silence,
the unspoken clause,
the exchange of ideas,
the meeting of minds,
in these little things,
humanity binds.

Part III

The little things
that shape our future,
are echoes of the past,
in whispers pure,
lessons learned,
woven into the now,
guiding us forward,
with silent vow.

In the present,
we live these truths,
in acts of kindness,
in the dreams of youth,
the gentle touch
of a comforting hand,
the steadfast will
to understand.

From history's depths,
we draw our map,
each little thing,
a bridge across the gap,
a smile,
a tear,
a word so mild,
the future's built
by the heart of a child.

Why not cherish
these fleeting sparks,
for they light the way
through time's dark arcs,
in every moment,
in every breath,
the little things guide us
from birth to death.

LAS PEQUEÑAS COSAS DE LA VIDA

Parte I

Las pequeñas cosas
de la vida,
como el zumbido silente
de una abeja,
o el suave resplandor
de la luz matutina,
filtrándose por una grieta
en las persianas.

Una taza de café,
rica y cálida,
la risa de los niños
jugando,
páginas pasando
en un libro querido,
momentos que bordar
nuestro día a día.

El aroma de la lluvia
en tierra seca,
una melodía que conmueve
el alma,
la danza sin peso
de una hoja cayendo,
en estas,
encontramos
el verdadero papel
de la vida.

Calcetines desparejados
debajo de la cama,
una sonrisa de un extraño,
amable y breve,
el confort de un viejo,
suéter gastado,
en la simplicidad,
encontramos alivio.

La vida no está
en el gran desfile,
sino en los susurros,
suaves y leves,
en cada cosa pequeña,
inadvertida,
ahí yace la belleza
de nuestra lucha.

Parte II

Las pequeñas cosas
en la vida familiar,
una mirada compartida,
un asentimiento sabio,
el calor de las manos
unidas fuerte,
historias recontadas,
risas compartidas,
lazos apretados.

En reuniones,
es el sutil arte,
de escuchar,
de ser escuchado,
el tintinear de copas,
el apoyo silencioso,
en cada gesto,
el amor es la palabra.

En la creación,
es el trazo del pincel,
la arcilla del alfarero,
el tropo del escritor,
la alegría de hacer
algo nuevo,
un testimonio de lo que
las manos pueden hacer.

Y en la conversación,
es la pausa,
el silencio reflexivo,
la cláusula no dicha,
el intercambio de ideas,
el encuentro de mentes,
en estas pequeñas cosas,
la humanidad se une.

Parte III

Las pequeñas cosas
que dan forma
a nuestro futuro,
son ecos del pasado,
en susurros puros,
lecciones aprendidas,
tejidas en el ahora,
guiándonos hacia adelante,
con voto silencioso.

En el presente,
vivimos estas verdades,
en actos de bondad,
en los sueños de la juventud,
el toque gentil
de una mano reconfortante,
la voluntad firme
de entender.

Desde las profundidades
de la historia,
dibujamos nuestro mapa,
cada pequeña cosa,
un puente sobre la brecha,
una sonrisa,
una lágrima,
una palabra tan suave,
el futuro está construido
por el corazón de un niño.

¿Por qué no atesorar
estas chispas fugaces?
Pues iluminan el camino
a través de los oscuros
arcos del tiempo,
en cada momento,
en cada respiración,
las pequeñas cosas nos guían
desde el nacimiento
hasta la muerte.

AUTUMN LEAVES

Autumn's brilliant leaves,
Dance me your eternal stride,
In sunshine's cloud nine.

Amid the amber and gold,
Nature's story, vividly told,
A tapestry of life's last embrace,
In this fleeting, tranquil space.

With each twirl, a whisper of time,
A farewell in a vibrant rhyme,
As they flutter, tumble, and glide,
In the autumn's graceful stride.

HOJAS DE OTOÑO

Hojas brillantes del otoño,
Bailadme vuestro paso eterno,
En el éxtasis solar del cielo.

Entre el ámbar y el oro,
La historia de la naturaleza, contada vívidamente,
Un tapiz del último abrazo de la vida,
En este espacio fugaz y tranquilo.

Con cada giro, un susurro del tiempo,
Una despedida en una rima vibrante,
Mientras revolotean, caen y se deslizan,
En el paso elegante del otoño.

A STREAM OF THOUGHTS ON A SUMMER'S DAY

In soft colours
and shades of dreams,
the brush of impression,
in rhythmic streams,
I will paint for you,
with words I weave,
a stage of whispers
by the sea, believe.

Under the blue sky,
the murmurs of the ocean
fill the air,
the scent of the salty breeze,
while the women,
dressed in pink,
sway, their fragrance blends,
divine.

On the beach,
where the waves wander,
the world awakens,
calls me home.
With light steps,
I wander by the shore,
where dreams and life
always soar.

The strokes of the brush
of impression,
the colours blend,
emotions intertwine,
dancing on the shore,
a canvas of scents
and sights,
perfumed petals in motion.

As the steps touch
the sandy ground,
a symphony of whispers
surround.
The salty air,
a gentle caress,
invites my soul to dance,
to confess.

Kisses of salty mist,
tempting the senses,
whispers of the sea,
the fragrant charm
of freedom,
intoxicating delight.

In the golden light
of the golden sun,
the young ones move,
their spirits won.
Dressed in pink,
they dance with grace,
their laughter paints
a cheerful space.

The pink dresses wave gently,
to the rhythm of the song
of the crashing waves,
a bold symphony,
perfumed melodies arise,
unleashing passions untamed.

Their skirts,
like petals,
sway gently,
while dreams
and youth find perfect play.
Their laughter
resonates in the air,
a melody beyond compare.

In this expression,
the essence
of the beach intertwines,
aromatic dance,
the sensations merge,
breathe as one,
a hymn to the art
fragrant of life.

With each step they take,
a brushstroke of life,
a painted canvas,
free of strife.
Their eyes reflect
the sapphire blue sky,
with dreams that soar,
refuse to die.
The perfume of youth
fills the air,
women dressed in pink,
expressionist symphony,
mixing scents,
colours and dreams.

As I walk,
run and stroll,
their vibrant presence
strengthens me.
For in their beauty,
I am reminded of the truth,
that life is
for you and me.

Through the lens
of impression,
experience and
senses merge,
my vibrant tale,
a fusion of expressions,
unveiling the mysteries of life.

In this moment,
let's treasure each step,
along this beach,
so open and wide.
Where youth and dreams
always thrive,
in vivid colours,
we feel alive.

UN FLUJO DE PENSAMIENTOS EN UN DIA DE VERANO

En colores suaves
y matices de sueños,
el pincel de la impresión,
en arroyos rítmicos,
pintaré para ti,
con palabras que entretejo,
un escenario de susurros
junto al mar, créelo.

Bajo el cielo azul,
Los murmullos
del océano llenan el aire,
el aroma de la brisa salada,
mientras las mujeres,
vestidas de rosa,
se balancean,
Su fragancia se mezcla, divina.

En la playa,
donde las olas vagan,
el mundo despierta,
me llama a casa.
Con pasos ligeros,
deambulo por la orilla,
donde los sueños
y la vida siempre se elevan.

Los trazos del pincel
de la impresión,
los colores se mezclan,
las emociones se entrelazan,
bailando en la orilla,
un lienzo de aromas y vistas,
pétalos perfumados
en movimiento.

A medida que los pasos
tocan el suelo arenoso,
una sinfonía
de susurros rodea.
El aire salado,
una caricia suave,
Invita a mi alma a bailar,
a confesar.

Besos de niebla salada,
tentando los sentidos,
susurros del mar,
el encanto fragante de la libertad,
delicia embriagadora.

En la luz dorada del sol dorado,
las jóvenes se mueven,
sus espíritus ganados.
Ataviadas de rosa, bailan con gracia,
Su risa pinta un espacio alegre.

Los vestidos rosados
ondean suavemente,
al compás de la canción
de las olas que se estrellan,
una sinfonía audaz,
melodías perfumadas surgen,
desatando pasiones
indómitas.

Sus faldas,
como pétalos,
se mecen suavemente,
mientras los sueños
y la juventud
encuentran juego perfecto.
Su risa resuena en el aire,
Una melodía sin comparación.

En esta expresión,
la esencia de la playa
se entrelaza,
danza aromática,
las sensaciones se fusionan,
respiran como una,
un himno al arte
fragante de la vida.

Cada paso que dan,
una pincelada de vida,
un lienzo pintado,
libre de conflictos.
Sus ojos reflejan
el cielo azul zafiro,
con sueños que se elevan,
se niegan a morir.

Los susurros del océano,
el perfume de la juventud
llena el aire,
mujeres vestidas
de rosa,
sinfonía expresionista,
mezclando aromas,
colores y sueños.

Y mientras camino,
corro y paseo,
su vibrante presencia
me fortalece.
Porque en su belleza,
se me recuerda verdadero,
que la vida es para ti
y para mí.

A través del objetivo
de la impresión,
la experiencia
y los sentidos se funden,
mi propio relato vibrante,
una fusión de expresiones,
desvelando
los misterios de la vida.

Así que atesoremos
cada paso,
a lo largo de esta playa,
tan abierta y ancha.
Donde la juventud
y los sueños siempre prosperan,
en colores vívidos,
nos sentimos vivos.

SWEETEST OF ALL

"It was mostly sweet," he whispered,
"and you were the sweetest of all."
— Frank Herbert, Dune Messiah

It was mostly sweet,
and you were
the sweetest
of all.

In the afterglow,
a duet of shared breaths,
your warmth lingers,
a gentle ballad.

Yet,
sweetness is a mural
of shared moments,
painted with strokes
of tender memories.

In the quiet aftermath
of passion's embrace,
we lay,
entwined like vines
in a hidden grove.

The sweetness echoes
in the soft cadence of whispers,
tracing the contours of love's
past recollections.
You,
the sweetest,
a lingering fragrance in the room
of shared intimacy.

As the night unfolds,
our hearts compose a silent poem,
etched with the ink
of shared desires.

So, it was mostly sweet,
and you,
the sweetest,
a timeless chapter
in our tale of love.

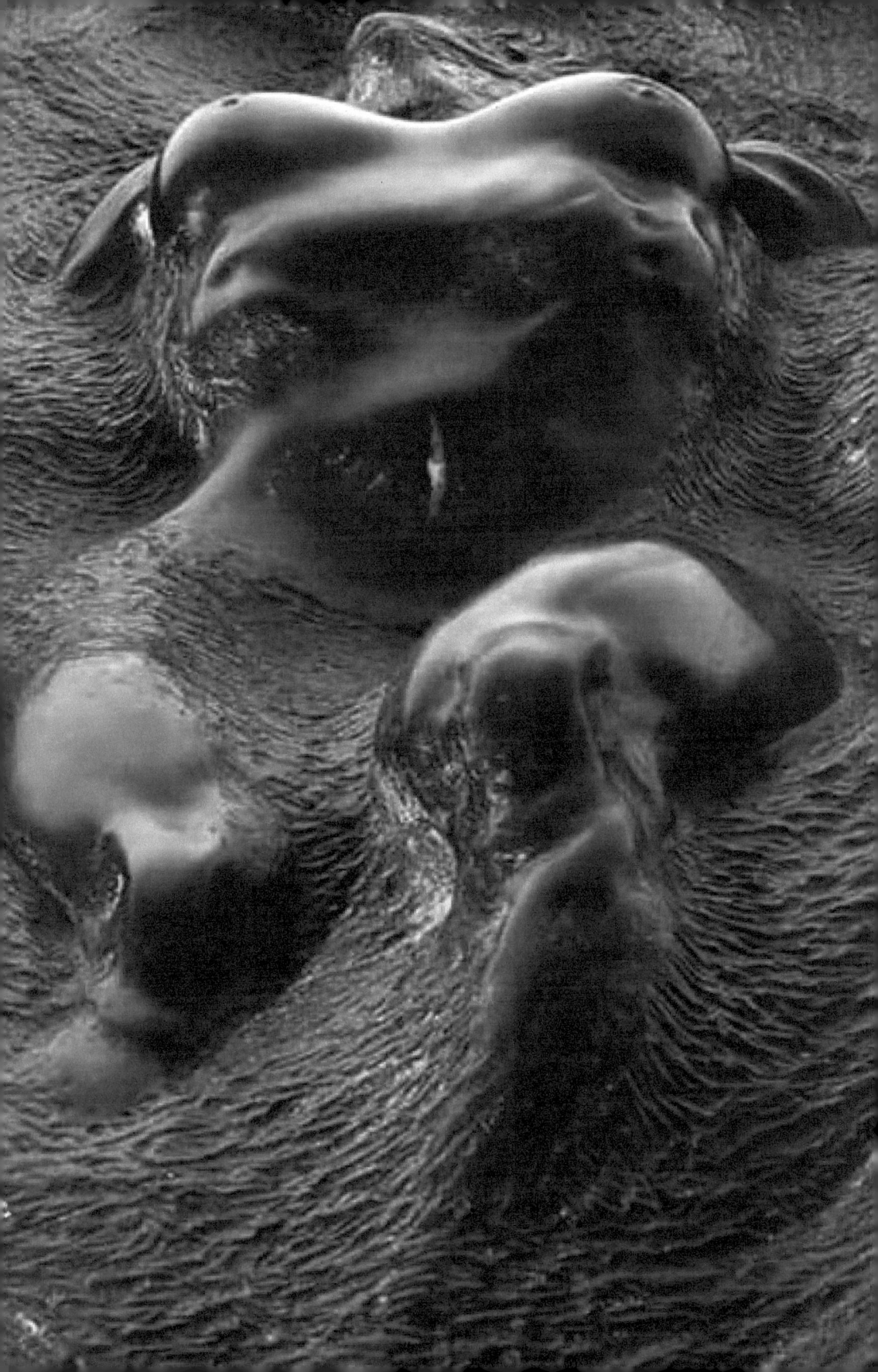

DULCE ENTRE LAS MÁS DULCES

"Fue en su mayoría dulce", susurró,
"y tú fuiste la más dulce de todas".
— **Frank Herbert, *Mesía de Duna***

Fue en su mayoría dulce,
y tú eras
la más dulce
de todas.

En el resplandor posterior,
un dúo de alientos compartidos,
tu calidez persiste,
una balada suave.
Sin embargo,
la dulzura es un mural
de momentos compartidos,
pintado con pinceladas
de tiernos recuerdos.

En el silencioso posgusto
del abrazo apasionado,
yacemos,
entrelazados como enredaderas
en un bosque oculto.
La dulzura resuena
en la suave cadencia de susurros,
trazando los contornos
de las recolecciones pasadas del amor.

Tú,
la más dulce,
un aroma persistente en la habitación
de la intimidad compartida.
A medida que la noche se desenvuelve,
nuestros corazones componen un poema silencioso,
grabado con la tinta
de los deseos compartidos.

Así que fue en su mayoría dulce,
y tú,
la más dulce,
un capítulo atemporal
en nuestro cuento de amor.

A SIGH AND NOTHING MORE

In the void I dwell,
nameless and shapeless,
whisper in the wind.

In stillness I abide,
an echo of memory,
forgotten and alone.
In war, naught was I,
just a whisper in the wind.

An echo from the past,
a forgetfulness of tomorrow,
lost in the void.

I'm the lost echo,
the shadow in emptiness,
neither sword nor warrior,
just a fleeting whisper,
a forgetting in time.

Sword in war?
No, I'm the silence,
the enduring absence.

In war, not I,
neither hero nor villain,
just a distant echo,
a blurred memory,
in the mist of forgetting.

In this fleeting world,
a being without being,
drifting in eternity.

UN SUSPIRO Y NADA MÁS

En el vacío soy,
sin nombre ni forma,
susurro en el viento.

En la quietud soy,
un eco de la memoria,
olvidado y solo.
En la guerra no fui nada,
solo un susurro en el viento.

Un eco del pasado,
un olvido del mañana,
en la nada perdido.

Soy el eco perdido,
la sombra en el vacío,
ni espada ni guerrero,
solo un susurro fugaz,
un olvido en el tiempo.

¿Espada en la guerra?
No, soy el silencio,
la ausencia que persiste.

En la guerra no fui,
ni héroe ni villano,
solo un eco lejano,
un recuerdo difuso,
en la bruma del olvido.

En este mundo efímero,
un ser sin ser,
flotando en la eternidad.

LAST WORDS

In the end, there is a silence, profound and extensive,
a hush where dreams and darkness creep,
where shadows dance and the void does call,
in the end, it's dusk that swallows us all.

A clock ticks on with a pendulum's swing,
counting down moments like a raven's wing,
each beat, a whisper of time that we borrow,
in the end, there's no yesterday, no tomorrow.

We drift like leaves on an autumn breeze,
with lives spun from gossamer threads that seize,
the essence of being, so fragile, so thin,
in the end, we're but echoes of what might have been.

There's a beauty in the finality of fate's design,
a tapestry woven with threads that entwine,
our souls to the cosmos, to the stars we ascend,
in the end, we are stardust, to the universe, we blend.

So let the night come, with its quietus spell,
we are but travelers in this temporal shell
and when the last curtain falls, serene and tender,
in the end, we surrender to the dark's gentle splendor.

ULTIMAS PALABRAS

Al final, hay un silencio, profundo y vasto,
un sosiego donde sueños y sombras se arrastran,
donde danzan las sombras y el vacío llama,
al final, es el crepúsculo que a todos nos atrapa.

Un reloj avanza con el vaivén del péndulo,
contando momentos como el ala de un cuervo,
cada tic, un susurro del tiempo que tomamos prestado,
al final, no hay ayer, no hay un mañana.

Flotamos como hojas en la brisa otoñal,
con vidas hiladas de filamentos que al azar,
la esencia del ser, tan frágil, tan efímera,
al final, somos pero ecos de lo que pudo ser.

Hay belleza en la finalidad del destino tejido,
un tapiz urdido con hilos que se entrelazan,
nuestras almas al cosmos, a las estrellas ascendemos,
al final, somos polvo de estrellas, al universo nos mezclamos.

Que llegue la noche, con su hechizo de quietud,
somos viajeros en esta cáscara temporal,
y cuando caiga el último telón, sereno y tierno,
al final, nos rendimos al oscuro esplendor gentil.

www.ingramcontent.com/pod-product-compliance
Lightning Source LLC
Chambersburg PA
CBHW042057290426
44113CB00001B/1